도시
문화
산책

—

미

국

편

글쓴이 소개

서 민 우 minwsuh@gmail.com
홍익대학교 건축학과를 졸업하고, (주) 서울건축 김종성 교수 밑에서 실무경험을 쌓은 후, 미국 Cornell University에서 「The Metropolitan Museum of History, Seoul, Korea」 논문으로 건축학석사 학위 취득. 현제 Perkins Eastman, New York에서 건축 책임 디자이너로 근무.
문화공간 관련 학술논문 다수.
저서로는 『단순미의 건축가 미스 반 데 로에』 기문당, 2013
공저로는 『21세기 새로운 뮤지엄 건축』 기문당, 2014

이 성 훈
가천대학교 공과대학 실내건축학과 교수, 미국건축사(AIA), (사)한국실내디자인학회 부회장 및 (사)한국문화공간건축학회 감사, (사)한국공간디자인단체총연합회 사무총장, 2004 광주비엔날레 큐레이터, 그리고 중국 베이징 칭화대학 환경예술학과 교환교수 역임.
미국 어바나 샴페인 소재 일리노이 주립대학교 건축대학에서 석사학위를 취득하고, 한양대학교 대학원에서 「공간구문론적 해석에 의한 미술관 공간구성 유형에 관한 연구」 논문으로 공학박사 학위 취득.
미국 시카고 SOM(Skidmore, Owings & Merrill)과 (주)삼우종합건축사사무소에서 건축가로 근무하였으며, 문화공간 관련 기본계획 연구 및 관련 학술논문 다수.
저서로는 『백색의 건축가 리차드 마이어』 살림출판사, 2004
공저로는 『한국 뮤지엄건축 100년』 기문당, 2009
　　　　『21세기 새로운 뮤지엄 건축』 기문당, 2014
역서로는 『실내건축의 역사』 시공아트, 2005

도시 문화 산책 – 미국편

2014년 3월 10일 1판 1쇄 인쇄
2014년 3월 15일 1판 1쇄 발행

지은이 서 민 우·이 성 훈
펴낸이 강 찬 석
책임편집 임 혜 정
펴낸곳 도서출판 미세움
주 소 150-838 서울시 영등포구 도신로51길 4
전 화 02-703-7507 팩 스 02-703-7508
등 록 제313-2007-000133호

ISBN 978-89-85493-44-4 03610

정가 22,000원

도시
문화
산책

urban culturescape

미국 편

서민우 · 이성훈 공저

경험을 바탕으로 하는 모든 장소나 공간에는 우리 기억에 남는 이미지가 있다. 작게는 골목 어귀에서, 크게는 한 도시 전체에 이르기까지 그 이미지는 구체적인 모뉴멘트가 되기도 하고, 역사적 건축물일 수도 있으며, 광장이나 문화권역_{文化圈域: Culture District}일 경우도 있다.

독특한 정체성이 있는 모뉴멘탈한 이미지의 예를 들어보면 손쉽게 뉴욕의 자유의 여신상이나 워싱턴의 워싱턴 모뉴멘트·샌프란시스코의 금문교·파리의 에펠 탑·런던의 국회의사당인 빅벤·시드니의 오페라 하우스 등 수많은 사례들을 들 수 있다. 이러한 고유의 정체성은 관련된 여러 가지 공감각적 이미지와 더불어 각자의 기억을 더욱 뚜렷하게 만들거나, 혹은 경험하지 못한 것에 대해조차 상상의 나래를 힘껏 펼치게 만들 것이다. 같은 맥락에서 뚜렷한 이미지가 없는 도시라면 우리 기억에서 오래 남아있지 않을 것이다. 도시환경을 풍요롭게 하고 삶의 질을 높이는 각 도시의 '문화풍경_{culturescape}'을 찾아나선 것은 장차 우리만의 쾌적한 감성의 도시로 기억에 남아서 '나'와 '그곳'의 긴밀한 유대감을 만들어가는 데 기초자료로 활용하기 위함이다.

> 도시마다 우리 기억에 남는 강한 이미지가 있다. 그것은 역사적인 광장이나 골목길일 수도 있고 랜드마크가 될 건축물이나 상징조형물일 수도, 도시의 풍요로운 문화풍경일 수도 있다.

도시 활성화를 위한 문화풍경의 대표적 사례로는 워싱턴 D.C.가 스미스소니언 관련 뮤지엄들을 내셔널 몰에 집중해 배치함으로써 세계 정치중심 도시가 문화중심 도시로 탈바꿈하였고, 파리는 대형 문화시설 10개grand project-10를 새로이 구현함으로써 또다시 예술·문화의 최첨단 도시로 회복된 것이다.

또한 프랑크푸르트는 샤우마인카이 거리를 '뮤지엄 거리'로 조성하여 다양한 볼거리를 조성하였고, 스페인 빌바오는 네르비온 강변 재개발 사업에 구겐하임 뮤지엄을 포함함으로써 쇠락된 옛 철강도시가 세계관광 0순위로 급부상되어 많은 도시에 영향을 끼치고 있다.

런던은 밀레니엄 프로젝트의 일환으로 문화풍경을 바꾸었고, 도쿄의 경우 도심 초고층 개발계획에 문화시설을 포함시킴으로써 새로운 경향을 나타내고 있다.

아랍에미리트연합의 수도인 아부다비Abu Dhabi는 장차 인구 15만 명을 수용할 신흥도시 개발 사디야트 섬Saadiyat Island: 행복의 섬 계획에 문화권역을 설정하고, 다섯 개의 야심찬 문화시설을 2020년까지 조성할 계획에 있어 세계가 주목하고 있다.

한국의 경우, 우리나라만의 특수한 여건이라고 할 수 있는 도시마다의 크고 작은 미군기지들이 향후 반환되는 기회를 잘 이용하여 문화 클러스터집적단지로 조성될 수 있도록 정부의 문화정책이 수립된다면 위의 사례들처럼 도시가 활발해지고 관광을 자원으로 활용할 수 있을 것이다.

'도시 문화 산책-미국편'에서 집필대상으로 삼은 도시는 우리에게 잘 알려진 5대 도시뉴욕·워싱턴·시카고·로스앤젤레스·샌프란시스코로 국한했지만 장차 더 많은 도시가 포함될 예정이다.

각 도시에 대한 집필내용은 01. 도시의 기원과 랜드마크 02. 정체성 있는 문화권역 03. 환경조형물 04. 볼만한 뮤지엄 05. 주변지역 뮤지엄 또는 문화명소로 구성하였다.

> " 도시의 풍요로운 문화풍경은 나와 그곳의 긴밀한 유대감을 만들어
> 쾌적한 감성의 도시가 되어 오래도록 기억에 남는다. "

이 책을 쓰기 위해 여러 해 동안 노력했지만 여전히 부족한 점이 많다. 그러나 뮤지엄 운영자와 이 방면의 연구자나 문화예술인 그리고 건축·도시·뮤제오로지Museology·예술경영·환경디자인·조각 등을 전공하는 학생들이 각 도시의 문화풍경을 이해하는 데 기초자료가 될 것으로 기대한다.

이 책이 출판될 수 있도록 응해주신 미세움 강찬석 대표와 임혜정 편집부장 그리고 박종구 가천대 겸임교수의 도움에 감사하며, 현지에 거주하시는 전문인들의 도움에도 특별히 감사드린다.

저자 드림

차 례

살아 있는 도시

뉴 욕
New York: the City that Naver Sleeps

세계의 수도

워싱턴

Washington, D.C.: the Capital of the World

바람의 도시
시 카 고
Chicago: the Windy City

천사의 도시
로스앤젤레스
Los Angeles: City of Angels

차 례

금문교의 도시

샌프란시스코
San Francisco: the Golden Gate City

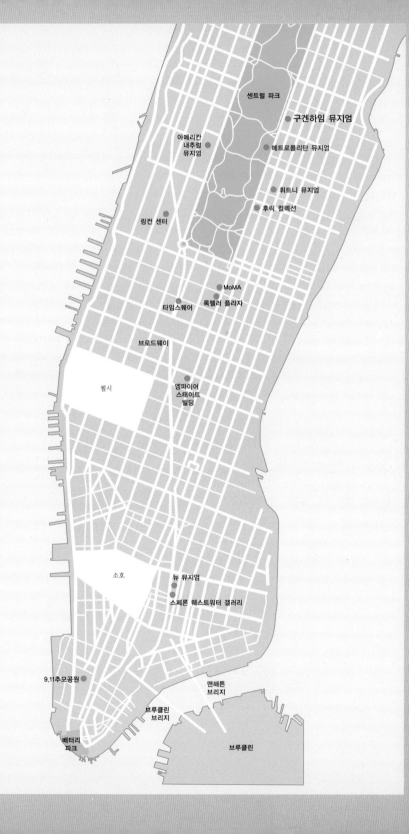

센트럴 파크

구겐하임 뮤지엄

아메리칸
내추럴
뮤지엄

메트로폴리탄 뮤지엄

휘트니 뮤지엄

후릭 컬렉션

링컨 센터

MoMA

타임스퀘어

록펠러 플라자

브로드웨이

첼시

엠파이어
스테이트
빌딩

소호

뉴 뮤지엄

스페론 웨스트워터 갤러리

9.11추모공원

맨해튼
브리지

브루클린
브리지

배터리
파크

브루클린

살아 있는 도시

New York: the City that Never Sleeps

뉴 욕

PART 01

01 기원과 랜드마크

뉴욕 시를 이야기할 때 더 이상 '뉴욕=미국 최대의 도시'라는 등식은 성립되지 않을 듯하다. 매일, 혹은 매시간 뉴욕에서 일어나는 도시 현상의 규모는 실로 뉴요커로 하여금 '뉴욕=세계의 도시'라는 자부심이 헛된 이야기가 아님을 알게 해주기 때문이다.

세계의 도시답게 뉴욕은 각종 증시의 부침과 금융자산의 흐름, 정치적 격변, 그리고 다양한 인종으로부터 경험할 수 있는 많은 문화양식이 다른 어떤 도시보다 사람들을 끌어들이는 매력이 충분한 곳임을 알게 해준다. 동시에 그런 과도한 집중과 부하가 지난 2001년 9·11사태와 같은 비극적 사건을 일으킨 여러 원인 중의 하나임은 분명한 사실이다.

도시 공동체의 정서적·문화적 흐름을 가장 확실하게 보여주는 예술계의 동향도 이와 비슷한 양상을 보인다. 뉴욕은 20세기에 들어서 전 세계의 문화중심지 역할을 맡아 왔으며, 짧은 시간 동안 급격한 문화인구의 유입과 새로운 사조의 흥망에 밑거름이 되어 왔다. 최근 뉴욕에 신축 또는 증개축 프로젝트가 활발하게 진행되어 시내 곳곳에 새로운 뮤지엄museum이란 박물관과 미술관을 포함하는 광의 개념이 채워지고 있음을 봐도 쉽게 알 수 있다.

미국에서 가장 흥미 있는 도시를 꼽는다면 많은 사람들이 1977년부터 'I ♡ New York'이라고 답할 만큼 뉴욕은 전 세계인들이 모여 다양한 문화를 만들어가는 도시다. 거기에 뉴욕의 부가 문화로 영입되어 문화예술의 바탕이 되어 있다고 본다. 그 좋은 예가 카네기·몰간·필립·메론·록펠러 등과 같은 초재벌들의 세계 경제 석권이 미국으로 미술품 유입을 팽대시키고, 컬렉션을 뮤지

1

1. 뉴욕 맨해튼 남부 전경

엄에 기증하거나 적극 지원함으로써 미국의 뮤지엄들이 성립하
게 된 것이다.

뉴욕은 17세기 초 네덜란드가 만든 식민지로, 'New Amsterdam'
이라고 불리다가 1664년 영국령으로 바뀌면서 지금의 'New York'
으로 고쳐진 것이다. 1790년 이래 미국의 수도로서 지위는 상실
되었지만 여전히 상업·금융·무역의 중심도시로서의 면모를 지
니고 있다.

1920년 이후부터 도시·건축적으로는 마천루의 도시가 시작되었으며, 1946년에는 유엔본부United Nations Headquarters가 설치되면서 국제정치의 중심이 되었다. 대서양 연안의 최대 항구도시로 19세기 후반부터 해외 이민이 증가되면서 급격히 발전한 도시로 모든 것이 세계 최대의 역할을 하고 있으며, 연간 방문객이 약 3천만 명에 이르고, 대부분 문화시설의 방문객 중 반 이상이 관광객이 차지할 정도다.

또한 문화적으로는 공연예술의 중심이 되었으며, 세계적인 화상들이 모이는 곳이기도 하여 세계의 문화예술을 리드하는 도시가 되었다.

맨해튼Manhattan은 3개 지역으로 구분된다. 최초로 형성된 다운타운에는 차이나타운과 로어 맨해튼Lower Manhattan, 소호와 첼시가 주요 문화의 거리다. 미드타운에는 뉴욕의 랜드마크인 엠파이어 스테이트 빌딩Empire State Building, 1931년이 40년간 세계 최고의 건축으로 군림하였고, 크라이슬러 빌딩Chrysler Building·유엔본부 등 고층빌딩들이 모여 있는 맨해튼의 도심을 이루고 있다. 그리고 업타운은 센트럴 파크Central Park 주변에 많은 뮤지엄이 흩어져 있고, 컬럼비아 대학교가 있으며, 빈민가였던 할렘Harlem이 흑인문화의 중심을 이루고 있다.

뉴욕의 랜드마크로는 세계적으로 알려진 '자유의 여신상'이 우리 기억에 남는 상징물 중의 하나다.

1 2

1. 자유의 여신상 전경
2. 자유의 여신상 상세

평등의 상징인 자유의 여신상
Statue of Liberty, 1886

'평등의 상징'인 자유의 여신상은 뉴욕의 상징일뿐 아니라 에펠
탑이나 피라미드처럼 세계적 랜드마크다. 자유의 여신상이 놓인
리버티 섬을 배로 접근하노라면 세계평화와 자유수호를 상징하는
이 기념상이 더욱 우리 가슴속에 깊이 새겨진다.

● **자유의 여신상**
조각가 프레드릭-어거스트 바르톨디(Fredric-Auguste Bartholdi, 1834-1904)
구조설계 구스타프 에펠(Gustave Eiffel, 1832-1923)
위치 맨해튼 남쪽 리버티 섬
헌정 1886년 10월 28일
동상높이 46m
좌대높이 47.5m
총높이 93.5m

본래 이 여신상은 프랑스인의 미국독립 100주년 기념선물로, 1886년 대서양에서 들어오는 미국행 이민자들에게 아메리칸 드림을 심어주는 상징물이자 등대역할을 겸할 목적으로 세워진 것이다. 타오르는 횃불과 왕관은 자유와 존엄성을 상징하고, 왕관의 7개 빗살spikes은 7개 대륙과 바다로 뻗어나가는 상징이며, 발목의 끊어진 쇠고랑은 자유를 상징한다.

여신상의 높이는 46m이고, 기단까지 포함한 전체높이는 93m나 된다. 기단부는 에펠 탑을 설계한 프랑스 건축가 구스타프 에펠이 설계한 것이고, 상단의 여신상은 머리까지 올라갈 수 있는 전망대가 있으며, 225톤이나 되는 동판으로 제작되어 바다 염분에 견딜 수 있게 했다. 기단부 지하에는 당시의 공사모습과 건립동기를 소개하는 전시공간이 마련되어 있다. 동상의 예술적 가치보다는 당시 구조상의 창의력을 높이 평가할 가치가 있는 거대한 구조물이다.

이 동상은 헌정된 지 100주년을 맞아 1986년 7월 4일 손상된 동상의 녹을 방지하기 위해 알루미늄으로 교체하고, 내부계단과 엘리베이터를 개조하는 대대적인 원형복원 작업을 마무리 짓기도 했다.

자유의 여신상이 서 있는 리버티 섬으로 향하는 페리는 맨해튼 최남단 배터리 파크Battery Park에서 출발한다.

이 여신상은 1954년 국가문화재로 지정되었으며, 연간 5백만 명이 방문하고 있다.

1. 미드타운(Midtown)의 문화풍경 대상 위치도

02 정체성 있는 문화권역

뉴욕은 상업·금융·무역의 중심도시이면서도 문화적으로 풍부한 자원을 보유한 도시다. 따라서 도시 전체가 다양한 '문화풍경'으로 가득 차 있으며, 지역별로 각기 다른 특색을 가지고 있다. 이런 문화풍경을 조성하게 된 배경으로는 앞에서도 언급한 바와 같이, 초재벌이 세계경제를 움켜쥐게 된 동기와 그들이 뮤지엄에 기여한 바가 컸기 때문이다. 미국 제 1의 컬렉션을 자랑하는 메트로폴리탄 뮤지엄도 그들의 기증품과 적극적인 지원에 힘입은 바 크다.

뉴욕의 활성화와 관광자원화 그리고 도시의 이미지를 풍요롭게 한 문화권역은 다음과 같다.

뮤지엄 마일
Museum Mile

뮤지엄 마일이란, 맨해튼의 가장 중심인 5번가 센트럴 파크 동측 거리를 따라 자리 잡은 뮤지엄이 많은 거리에서 매년 6월에 열리는 축제를 지칭하는 것으로, 뉴욕의 문화풍경을 대표하는 행사 중 하나다. 이 기간 동안 관람객은 82번가에서 104번가에 있는 9개 이상의 대형 뮤지엄과 갤러리에 무료로 입장하면서 합동으로 거리축제를 벌인다.

뮤지엄 마일은 1978년부터 이곳에 위치한 뮤지엄들이 자신들을 공동으로 알리기 위해 시작한 행사다. 여기에는 세계 3대 뮤지엄 중 하나인 메트로폴리탄 뮤지엄Metropolitan Museum of Art과 20세

1. 메트로폴리탄 뮤지엄 앞 거리

뮤지엄 마일 둘러보기

www.museummilefestival.org

El Museo del Barrio

Museum of the City of New York

The Jewish Museum

Cooper Hewitt, National Design Museum, Smithsonian Institution

National Academy Museum and School of Fine Arts

Solomon R. Guggenheim Museum

Neue Galerie New York

Goethe-Institut / German Cultural Center

The Metropolitan Museum of Art

기 건축의 랜드마크인 구겐하임 뮤지엄The Solomon R. Guggenheim Museum 그리고 스미스소니언 관련 뮤지엄 분관으로 디자인 전문 뮤지엄인 쿠퍼–휴잇 내셔널 디자인 뮤지엄Cooper–Hewitt Nat'l Design Museum 등 많은 갤러리들이 위치상 1마일 정도 범위 내에 모여 있어 뮤지엄 거리를 형성하고 있다.

뮤지엄 마일은 좋은 컬렉션을 소장하고 있다는 것만으로 관람객을 기다리는 자세에서 벗어나 고객에게 다가가려는 노력의 시도로 보인다.

고도 물질문화거리 소호
SoHo

소호란 South of Houston의 약칭으로 휴스턴 거리 남쪽에서 커넬Canal 거리 사이의 브로드웨이 서측 지대를 범위로 한다.

원래 이 지역은 공장과 창고가 많은 곳으로 대공황 이후 공장들이 다른 곳으로 옮겨감에 따라 빈집이 많아져, 가난한 예술가들이 1970년대부터 모여들기 시작하였다. 높은 천장의 창고들은 아틀리에나 전시공간으로 적격이고, 임대료도 저렴하여 예술가들이 자연스럽게 모여 문화의 거리를 조성하게 되었다.

이렇게 어렵게 발전시켜온 문화권역이 현재는 유명세 탓에 많은 상업성 점포들이 생겨나고 임대료도 자꾸 인상되어 많은 예술가나 갤러리들이 운영비용을 감당하지 못해 이곳을 떠난 상태다.

● **스미스소니언(Smithsonian Museum)** 1846년에 설립된 스미스소니언재단에 의해 만들어진 뮤지엄들을 의미하는 것으로, 워싱턴에 14개가 있고 뉴욕에 2개가 있다.

1. 문화거리 소호
2. 소호의 옛 구겐하임 뮤지엄이 현재는 프라다 백화점으로 개조되었다.

문화의 거리에 새로 등장한 상업성 점포가 강력한 문화전통의
분위기를 바꿔 놓은 아쉬움은 있지만 수준 높은 인테리어 디자
인 때문에 또 다른 볼거리를 제공하게 된 것은 한편 다행스러운
일이다. 즉, 렘 쿨하스Rem Koolhaas가 디자인한 프라다 매장Prada
Boutique이나 애플 컴퓨터 쇼룸Apple Computer showroom과 같은 수
준 높은 디스플레이로 인해 새롭게 변모하고 있다.

문화거리 첼시
Chelsea

첼시는 1990년대부터 이웃 소호와 유사한 지역으로 소호가 상업성 점포 때문에 가난한 예술가나 갤러리들이 견딜 수 없게 되자 첼시 지역이 새로운 문화권역으로 등장하게 된 것이다.

첼시 지역은 맨해튼 남서쪽 옛 부둣가와 15번가에서 30번가 사이 지역을 범위로 한다. 이 지역은 영국의 퇴역군인 토마스 클라크 Thomas Clarke에 의해 1750년부터 '첼시'라고 불렸다.

초기에는 몇 개의 종교건축과 핵가족을 위한 주거단지였다. 1800년대 말부터 건설되기 시작한 이민자를 위한 수용시설, 여러 차례에 걸친 주변공간 정리사업, 그리고 항구지역으로서의 창고나 화물관련 시설이 들어섬에 따라 번잡하고 활발한 지역이 되었으나, 이곳 역시 대공황 이후 점차 사람들이 줄어들게 되었다.

그 후 버려진 공장과 창고 그리고 화물역사들은 소호 지역과 유사하게 소규모 갤러리들과 아틀리에가 들어서 새로운 뉴욕의 문화권역으로 각광을 받게 된 지역이다.

층고가 높은 창고를 개조한 갤러리들은 전시공간으로 적합하였고, 소호나 미드타운에 비해 저렴한 임대료는 많은 갤러리를 이 지역으로 옮겨오게 되었다. 따라서 현재 뉴욕에서 가장 많은 수의 갤러리가 밀집된 지역으로 '디아 센터'와 같은 예술가들에 의해 설립된 기구도 생겨나고, 전 세계 가장 오래된 대안공간 중 하나인 화이트 컬럼White Column 그리고 아이빔 프로젝트Eyebeam Project와 같은 첨단 미술장르를 그 주요 목적으로 한 비영리단체도 포함되어 있다.

1. 문화거리 첼시
2. 기존 주택을 개조한 갤러리

첼시 개발 초기에는 식당이나 점포가 드문 한적한 산업지대였으나 문화공간이 늘어나고 인구의 유입이 폭발적으로 증가하면서, 자연스럽게 상업공간이 늘어나, 현재는 맨해튼에서 손꼽히는 유명 레스토랑과 디자인 관련 부티크샵들이 늘어나고 있다.

규모가 작지만 갤러리 하나하나가 모두 특성 있게 전시공간을 꾸몄고, 그 내용은 수준 높은 현대미술을 감상하는 데 손색이 없을 정도여서 뉴욕을 찾는 방문객들에게 매우 좋은 문화명소로 알려져 있다.

브로드웨이
Broadway

브로드웨이는 원래 토착 인디언들이 이용하던 길로 1850년대 상업의 명소로 시작돼 1890년대부터 '불야성의 거리'로 변모하였다.

현재도 맨해튼 남북을 사선으로 연결하는 도로가 남아 있고, 뉴욕에서는 가장 오래된 큰 길이며, 가장 번화하고 세련된 상점이 많은 거리 중 하나다. 또한 브로드웨이는 주요 격자 길과 교차하는 곳에 작은 광장을 만들어 도시의 활력소가 되고 있다. 특히 타임스퀘어Time Square는 브로드웨이와 42번가 그리고 43번가에 이르는 가장 번화한 거리로 많은 극장연극과 뮤지컬을 중심으로 호텔과 식당이 모여 있다.

브로드웨이를 따라 형성된 극장가의 공연들을 브로드웨이 쇼라고 하며, 그 수용 규모에 따라 Broadway·Off-Broadway·Off-off-Broadway로 나누어진다. 즉, 가장 먼저 대규모로 설립된 극장들이 지나치게 상업적으로 발전되기 때문에 예술가들이 새로운 시도로 브로드웨이를 벗어난 지역에 저렴한 곳을 찾아 공연을 시작한 것이 오프-브로드웨이라고 부르게 되었고, 그 같은 이유로 오프-브로드웨이가 또다시 상업적이 되어 오프-오프-브로드웨이가 생기게 된 것이다.

이들 브로드웨이 쇼는 오랜 기간 동안 같은 내용이 공연될 정도로 인기가 있으며, 이곳에서 선보인 작품들의 대부분은 세계각지로 수출되기도 한다. 한국 최초로 '난타Cookin'' 공연이 지난 2003년 9월 25일 처음으로 막을 올렸는바 국제적으로 인정받는 기회가 된 셈이다.

1. 브로드웨이 거리

도심 휴식처 록펠러 플라자

Rockefeller Plaza & Channel Gardens

록펠러 플라자는 맨해튼 중심부인 5번가에 위치한 도심 휴식광장으로 수많은 직장인과 관광객이 모이는 장소다.

해마다 겨울이면 최고·최상의 형태를 갖춘 크리스마스 트리가 세워지고 꾸며진 후 이벤트성 점등식을 거행할 때는 주변 도로를 차단해야 할 만큼 뉴욕의 대표적인 행사로 자리 잡았다. 또 하나의 볼거리인 바로 옆 로어 플라자Lower Plaza는 여름엔 야외식당으로, 겨울에는 아이스링크로 인기가 있는 장소다. 5번가에서 진입공간 역할을 하는 샤넬 가든 역시 록펠러 플라자를 5번가에서 접근하는 길목의 쉼터로 주말과 연말에는 더욱 붐비는 곳이다.

플라자 내의 가장 높은 GE 빌딩의 최상층에는 탑 오브 더 록Top of the Rock이라는 전망대가 맨해튼을 내려다볼 수 있는 장관을 제공한다. 이곳에서 바라보는 같은 눈높이의 엠파이어 스테이트 빌딩은 색다른 느낌을 전해준다.

1. 록펠러 플라자 전경
2. 록펠러 플라자 앞 샤넬 가든

예술·문화공간 링컨 센터
Lincoln Center for the Performing Art

링컨 센터는 미국 연방정부·뉴욕 주정부·뉴욕 시·메트로폴리탄 오페라·줄리어드 예술학교 등 다섯 기관을 한 대지 안에 각각 건축한 하나의 통합된 예술·문화공간으로, 그 정식 이름이 Lincoln Center for the Performing Arts라고 한다. 주인이 다섯이면서도 기획과 건축과정에서 매우 복잡했지만 성공적으로 공연예술 컴플렉스를 조성한 사례.*

건축들은 분산·배치되고, 그 사이에 분수·조각연못·야외 음악당 등의 오픈 스페이스가 안배되어 있어서 도심의 휴식공간 역할을 한다.

최근 오픈한 링컨 레스토랑Lincoln restaurant**이 헨리 무어의 〈조각이 누워 있는 연못〉과 줄리아드 음악학교The Juilliard School 사이에 친환경적으로 건립되었다.

* 이상만, 근대적 의미의 문화공간 형성의 세계적 흐름, 한국문화공간건축학회 제16회 학술대회, 2008.
** 링컨 레스토랑, 줄리아드 학교는 Diller Scofidio+Renfro 설계로 주변 건축과 잘 조화를 이룬다.

1
2   3

1. 링컨 센터 전경
2. 링컨 센터 레스토랑
3. 분수광장

03 볼만한 환경조형물

도시환경을 풍요롭게 해주는 여러 가지 요소 중 환경조형물은 그 놓인 장소·형태·크기·색조에 따라 그 분위기가 다르게 느껴진다. 도시마다 정체성 있는 환경조형물이 저마다 가로경관을 고조시키고 있다.

뉴욕에서 볼만한 환경조형물을 소개하면 다음과 같다.

9·11 추모공원의 부재의 반추
Reflecting Absence, 2011, 마이클 아라드

지난 2001년 9월 11일 미노루 야마사키Yamasaki Minoru가 설계한 쌍둥이 빌딩 세계무역센터World Trade Center가 알카에다에 의해 파괴되어 세계를 놀라게 했다. 2,977명의 목숨이 희생된 그 자리 '그라운드 제로'에 테러가 일어난지 10년만에 〈부재不在의 반추〉라는 두 개의 초대형 폭포가 설치되고, 그 주변에는 400그루의 참나무가 들어섰다. 이 공원을 설계한 이스라엘 출신 마이클 아라드Michael Arad는 "의도가 있는 침묵, 목적을 가진 공백을 만들고 싶었다."고 한다.

뉴욕은 상징하던 쌍둥이 건축이 서 있던 자리에 정사각형의 폭포수는 과거에 존재했던 건축과 테러로 목숨을 잃은 희생자들의 부재不在를 상징한다. 폭포의 면적은 각각 4,046㎡이고, 1분에 쏟아져 내리는 물의 양은 11,400리터에 달한다. 또한 두 개의 폭포를 둘러싼 동판에는 1993년 지하주차장 차량폭탄 테러와 2001년 9·11 테러로 목숨을 잃은 희생자 2,983명의 이름이 적혀 있다.

1 2
3

1. 맨해튼 남부의 쌍둥이 건축인 세계무역센터 옛모습
2. 9·11 테러로 파괴되는 세계무역센터 화제모습
3. '그라운드 제로'에 들어선 〈부재의 반추〉

● 부재의 반추

작가 마이클 아라드(Michael Arad) + 피터 워커(Peter Walker), 조경건축가
위치 맨해튼 남부 World Trade Center가 있던 9·11 추모공원

추모공원의 나머지 공간은 400그루의 참나무로 채워져 계절에 따라 변화하는 나뭇잎 색깔의 효과를 고려한 것이라고 한다. 떨어져 내리는 힘찬 폭포수와 철마다 색을 달리하는 참나무숲은 모두 뉴욕이 테러에 굴하지 않았고 여전히 생기로 가득한 도시로 살아남았음을 보이는 셈이다.

네 그루의 나무
Four Trees at Chase Manhattan, 1969-72

체이스 맨해튼 은행 본점 플라자에는 2개의 조형물이 놓여 있다. 그 하나가 지상의 〈네 그루의 나무〉이고, 다른 하나는 지하영업장의 채광을 위한 원형 선큰가든sunken garden에 있는 노구치의 작품이다. 이 두 작품은 시각적 연속성을 유지하면서 광장을 풍요롭게 해주는 중요한 요소를 이루고 있다.

〈네 그루의 나무〉는 그 소재와 규모면에서 많은 뜻을 가지고 광장에 놓여 있다. 즉, 그 재료는 시멘트와 철로 만들어진 건축물과도 같이 인위적이지만 그 형태는 매우 자연스럽게 '네 그루의 나무'가 어우러진 숲과도 같은 반추상적 작품이다. 그의 대부분 작품경향이 그러하듯 백색에 검은 줄stripe을 둘러 그 형상을 나타낸 특성이 이 작품에서도 일관성 있게 잘 나타나 있다.샌프란시스코의 "La Chiffonniere" 참조

이 작품은 광장에 접근하는 어느 곳에서나 잘 보이는 위치에 놓였고, 1층 실내 로비나 지하 영업장에서도 잘 보일 수 있도록 시각적으로 잘 고려되었다.

1. 〈네 그루의 나무〉 위치도
2. 원형 선큰가든의 노구치 작품과 조합을 이루는 〈네 그루의 나무〉
3. 체이스 맨해튼 은행 본점 앞 조각 〈네 그루의 나무〉

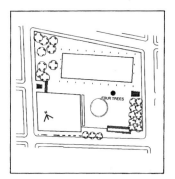

● 네 그루의 나무
작가 장 뒤뷔페(Jean Dubuffet, 1901-85)
위치 1, Chase Manhattan Plaza

체이스 맨해튼 은행 본점의 선큰가든
Sunken Garden for Chase Manhattan Bank Plaza, 1961-64

노구치의 선큰가든 분수조각_{직경} 18m은 지상의 뒤뷔페 작품인 〈네 그루의 나무〉와 더불어 체이스 맨해튼 은행 본점 플라자를 풍요롭게 하는 작품이다.

이 작품은 지상광장에서 내려다보이는 시각적 효과도 중요하지만 지하영업장에 자연광을 유입시키기 위해 필요한 선큰가든을 겸한 다는 건축적 의미가 보다 차원 높은 아이디어다.

이 작품의 형상과 소재는 작가의 태생인 일본 교토 근교의 전통적 정원에서 사용된 검은 자연석을 사고석 위에 올려놓은 것으로, 분수를 곁들인 워터가든이 특징이다. 따라서 단순히 예술적 가치뿐 아니라 물의 움직임을 통한 시각적 변화가 효과적이다. 그의 작품은 장소마다 형태와 소재를 달리한다는 점에서 뒤뷔페의 일관된 작품과 대조적이다.

레드 큐브
Red Cuve in front of Marine Midland Bank, 1968

체이스 맨해튼 은행 본점과 연장선상에 위치하고 있는 이 작품은 도심 어두운 고층빌딩 전면 광장에 위치한 강렬한 붉은색 정육면체로 극단적으로 단순하지만 시각적 명시성明視性이 매우 뛰어난 작품이다.

● **체이스 맨해튼 은행 선큰가든**
작가 이사무 노구치(Isamu Noguchi, 1904-88)
위치 1, Chase Manhattan Plaza

1. 지하 영업장에서 본 선큰가든
2. 선큰가든 전경
3. 〈레드 큐브〉 원경
4. 〈레드 큐브〉 위치도

가장 인위적인 육면체에 원통을 관통시킨 초보적 조각 같지만 작
품 자체의 의미부여가 극단적으로 배제되고, 단지 그 주변 환경과
보행자를 위한 조형연출의 한 사례로 보이는 것이 특징이다. 그러
나 단순히 붉은 정육면체가 꼭지점을 축으로 서 있는 점은 이 형
태가 극히 단조로운 것에 비해 매우 강한 긴장감을 주고 있다. 이
같이 공공장소에 놓여 있는 시각적이고도 실험적인 현대조각은

도시환경과 대중생활의 질적 향상에 헌신하고 있다고 본다.
앞에서도 언급한 바와 같이, 이 작품도 노구치 작품 중 형태나 소재가 전연 다른 점에 유의해야 할 것이다.

네벨슨 플라자의 초상과 깃발
Shadows & Flags at Nevelson Plaza, 1978

이 작품은 맨해튼 남쪽 월가Wall street 체이스 맨해튼 은행 본점 근처에 아주 작은 삼각지대를 가로 조각공원으로 개발한 사례다.

공공장소인 이 소공원의 조각작품은 뉴욕 시가 조성한 공공기금으로 마련한 것으로 미국을 대표하는 여류작가 루이스 네벨슨에게 의뢰되어 조각뿐 아니라 공원의 디자인까지 부여했기 때문에 7개의 조각은 일상적인 보행공간에 자유롭게 배치되었고, 벤치와 가로를 포함한 도심가로 환경을 풍요롭게 조성하였다.

그녀의 작품은 추상계열이어서 그 의미나 주제를 뚜렷이 알 수는 없으나 작품에 따라, 주변 환경에 따라, 보는 이에 따라 나름대로 해석이 가능하다는 특징을 가지고 있다.

● 레드 큐브
작가 이사무 노구치
위치 140, Marine Midland Bank Plaza
높이 7.2m
재료 철판 위 페인팅

네벨슨 플라자
작가 루이스 네벨슨(Louise Nevelson, 1900-88)
위치 Louise Nevelson Plaza
재료 철판

1. 〈레드 큐브〉
2. 네벨슨 플라자 위치도
3. 네벨슨 플라자

실베트의 흉상

Bust of Sylvette, 1968년 제작, 1970년 개방

이 주변은 원래 홍등가였으나 뉴욕대NYU가 들어서면서 현대적으로 발전된 곳이다. 이 작품은 뉴욕대 교수·학생을 위한 아파트가 세워진 앞에 피카소의 1954년 드로잉 작품을 조각품으로 제작하여 설치한 것이다.

이 작품은 〈피카소의 시카고Chicago Picasso, 1967〉와 더불어 뮤지엄을 제외한 공공장소에서 볼 수 있는 유일한 피카소의 작품으로 배경의 건축과 잘 조화를 이룬다.

게이 해방

Gay Liberation, 1979

아담한 나무들에 둘러싸인 작은 공원 속에 스톤 월 사건을 기리고 동성연애자들의 이권을 알리는 조지 시걸의 작품으로 두 남자게이와 두 여자레즈비언가 대화하는 모습이다.

그의 다른 작품에서도 흔히 볼 수 있듯이 그의 작품은 우리 주변에서 일상적으로 일어나고 있는 사건들을 사실적으로 묘사하는 것이 특징이다.

● **실베트의 흉상**
  작가 파블로 피카소(Pablo Picasso, 1881–1973)
  위치 Mercer St. & La Guardia Pl.

  게이 해방
  작가 조지 시걸(George Segal, 1924–)
  위치 Christoper Park

1. 〈실베트의 흉상〉
2. 〈게이 해방〉

링컨 센터의 기대 누운 인물상
Reclining Figure at Lincoln Center

20세기 조각의 거장인 헨리 무어의 거의 모든 작품은 일관된 인체구조의 변형이며, 무게와 부피가 주요소로 사용되어 왔다. 이 수면水面 위에 놓인 작품도 누워 있는 여인의 형상을 변형시킨 것으로 표피뿐 아니라 내면세계와의 조화를 고려한 변형이다.

이 작품과 같이 몸체를 둘로 나누어 구성한 작품은 그리 흔치 않으나 이 작품을 둘로 나눈 것은 주변 환경과 장소성을 고려한 것인지도 모를 일이다. 즉, 배경이 되는 Library 뮤지엄과 대립되는 듯하면서도 이들 관계는 대화하는 모습을 느낄 수도 있을 것이다. 아니면 이 작품이 물 속에 한정되어 있기 때문에 좀더 자신의 모습을 강조하기 위한 뜻도 있을 듯하다.

러브
Love, 2002

로버트 인디애나는 단일적인 단어를 사용한 단순한 이미지로 일관된 작업을 해왔다. 이 작품의 경우도 역시 문자를 이용한 가로의 조형물이다. 고층건물 숲속에 정열적인 원색을 사용한 'LOVE'로, 맨해튼을 왕래하는 많은 이에게 사랑을 받는 작품이다. 특히 싱글이 많이 살고 있는 맨해튼에 어울리는 작품으로 거리를 풍요롭게 해주고 있다.

● **기대 누운 인물상**
　작가 헨리 무어(Henry Moore, 1898-1986)
　위치 Lincoln Center 내 Broadway between W. 62nd & 67th St.

1	2
3	

1. 줄리아드 스쿨을 배경으로 한 전경
2. 2등분된 누워 있는 여인의 모습
3. 가로에 놓인 〈러브〉

● 러브
　작가　로버트 인디애나(Robert Indiana, 1928-)
　위치　55th St. & 6th Ave.

움직이는 조각 샤리엔

Saurien, 1975

알렉산더 칼더는 1930년대부터 '모빌'이라는 움직이는 조각으로 우리에게 잘 알려지기 시작했지만 1950년대 이후에는 대형 공공 조각도 활발하게 제작해 왔다. 그의 작품은 그 특유의 원색을 사용하고 있어서 우리 눈에 쉽게 띄고 기억되게 한다.

그의 환경조각은 전 세계에 보급되어 있고, 조각정원에서도 흔히 볼 수 있는 특이한 작품이다. 우리나라는 삼성미술관 리움 개관 2004년 당시 중정에 이와 유사한 작품이 전시되어 있었다.

청동제 황소 조각상

The Charging Bull, 1989

맨해튼 월가, 파이낸셜 디스트릭트에 1987년 주식시장 붕괴에 따른 경제적 위기를 황소처럼 강하게 돌파하자는 작가의 의도로 만들어진 청동제 황소조각이다.

샤리엔
작가 알렉산더 칼더(Alexander Calder, 1898–1976)
위치 53rd St. & Park Ave. / Seagram 빌딩 앞

청동제 황소 조각상
작가 아투로 모디카(Arturo di Modica, 1960–)
위치 Wall Street
무게 3.5톤
길이 약 4.8m

1. 〈샤리엔〉 전경
2. 월가의 상징인 청동제 황소 조각상

1

2

04 볼만한 뮤지엄

뉴욕은 도시 자체가 가진 문화적 파워에 비해 뮤지엄 신축 프로
젝트가 흔하게 일어나는 도시가 아닌 점은 다소 의외로 여겨진
다. 예를 들면, 맨해튼에 1966년에 개관된 휘트니 뮤지엄 이후
2001년 미국 포크 아트 뮤지엄이 35년 만에 신축 개관되었기 때
문이다.

특히 지난 2005년 개관될 예정이었던 구겐하임 뮤지엄 신관 계획
이 예산문제로 보류되었기 때문에 당분간 새로운 뮤지엄을 기대
하기는 어려운 문제다. 만일 구겐하임 뮤지엄 신관이 구현된다면
맨해튼 동측 부두에 뉴욕의 또 다른 랜드마크가 등장했을 것이
다. 이 계획안은 맨해튼의 건축군을 배경으로 물의 흐름과 도시
의 에너지를 암시하는 금속지붕으로 마치 떠오르는 구름과도 같
이 뉴욕의 재생을 위한 활력소가 되었을 것이다. 설계자 프랭크
게리Frank O. Gehry, 1929- 는 현대건축의 위대한 힘을 빌려 더욱
새로운 공간개념과 조형으로 이 뮤지엄을 승화시켜 21세기의 랜
드마크로 구현시킬 것을 염원했을 것이다.

뉴욕의 뮤지엄과 갤러리는 총 400여 개가 되며, 그중 건축적으로
볼만한 주요 뮤지엄은 다음과 같다.

1. 맨해튼 동쪽 부두에 계획된 구겐하임 뮤지엄 신관
2. 구겐하임 뮤지엄 신관 계획안

뉴욕 모던 아트 뮤지엄

The Museum of Modern Art, 1997-2004

건립배경 뉴욕 모던 아트 뮤지엄이하 MoMA로 표기의 시작은 1929년 세 사람Lillie P. Bliss, Mary Quinn Sullivan & Abby Aldrich, Rockerfeller이 개인 사업체로 설립하여 세계 최초의 사립 뮤지엄 으로 시작되었다.

주로 컬렉션은 1880년대부터 현대에 이르기까지 14만 점 이상 이며, 특히 건축과 디자인 드로잉이 포함되어 있다는 점이 특징 이다.

최초의 건축은 1939년 필립 구드윈Phllip Goodwin과 에드워드 스 톤Edward D. Stone에 의해 처음 개축된 이래 여러 번 증·개축되었 는데, 1951년과 64년에 MoMA 이사였던 건축가 필립 존슨Philip Johnson에 의해 증·개축과 정원설계를 새롭게 하였고, 1984년에 는 시자 펠리Cesar Pelli가 고층 아파트를 포함해 대규모로 확장 하였다.

그리고 최근 확장계획은 좀 더 나은 편의시설과 넓은 전시공간을 확보하고 날로 증가하는 방문객을 대비하기 위한 설계공모를 개 최하였다. 일본 건축가 다니구치의 안이 채택되어 '도시 속의 도 시, 도시 속의 뮤지엄'을 디자인하여 증·개축 개관한 것이다.

증·개축 개관 이후 또다시 확장계획에 들어간 바, 세계적인 부동 산 개발업체인 하인스Hines와 손잡고 서쪽 53번가와 54번가 사 이의 약 1,579㎡ 대지에 75층 설계를 프랑스 건축가 장 누벨Jean Nouvel에게 의뢰되었다. 2층부터 5층까지는 전시장약 4,645㎡으로 사용하고, 나머지는 100개의 객실을 갖춘 7성급 호텔로 탈바꿈

1. 54번가에서 본 MoMA 모습
2. 53번가에서 본 MoMA 모습
3. 맨해튼의 오아시스 역할을 하는 중정 조각정원
4. 대공간

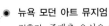

● **뉴욕 모던 아트 뮤지엄**

건축가 증개축 요시오 다니구치(Yoshio Taniguchi, 1937-)

소재지 11W. 53rd St. New York, NY 10019

연락처 T. 212-708-9400, www.moma.org

개관시간 토-목 10:30-17:45, 금 10:30-20:15, 수 휴관, 매주 금요일 오후 4시 이
후 무료 입장.

대지면적 9,632㎡

연면적 60,973㎡

재개관 2004년 11월 20일

할 계획이다.

건축특성　　　확장·재개관된 MoMA는 지금까지 53번가에서만
진입하던 것을 54번가에서도 진입할 수 있게 하여 대규모 진입공
간이 마련되었다.

1층과 지하 2층은 주로 편의시설_{식당, 뮤지엄숍, 서점 등} 위주이고,
도심의 오아시스라 할 옥외 조각정원은 당초보다 확장되었다. 전
시영역은 2층부터 8층까지 확장되었으며, 전시공간의 천장고를
4.2m·4.8m·6m로 개선하여 과거와 달리 어떤 전시도 가능하게
되었다.

그 밖에 단체관람객을 위한 출입구가 별도로 마련되고, 강당도
별도의 진출입이 가능한 다목적_{강연·회의·심포지엄·컨서트·행위예술}
_등으로 꾸며졌다. 조형적으로는 그간 여러 차례 증축된 흔적을 53
번가쪽 외관에는 그대로 남겼으나, 54번가쪽은 일관된 조형으로
정돈되고 통일된 이미지로 바꾸었다.

뉴뮤지엄

Newmuseum = New Museum of Contemporary Art, 2007

건립배경　　　뉴뮤지엄이 건립된 곳은 현재 잡다한 공산품을 만
들어 팔고 사는 전형적인 무_無 아이덴티티 지역이다. 1960년대 집
중적인 저소득층 주거단지 개발과 더불어, 이 지역은 그야말로 먹
고 사는 데 급급한 사람들과 그들의, 그들을 위한 일터가 전부였
다. 이민자가 많은 중국과 이탈리아 출신들이 맨해튼의 주요 동서
방향으로 통과하는 도로인 휴스턴 스트리트를 통해 이 지역에 들

1. MoMA의 지층평면도
2. MoMA의 전시공간
3. 뉴뮤지엄의 건축 이미지가 된 포장상자
4. 뉴뮤지엄 전경

● **뉴뮤지엄**

건축가 SANAA(Kazuyo Sejima+Ryue Nishizawa)

소재지 235 Bowery, New York, NY 10002

연락처 212.219.1222

개관시간 수 12:00-18:00, 목·금 12:00-21:00, 토·일 12:00-18:00, 월·화 휴관

대지면적 737.86㎡ (폭 21m × 깊이 34m)

연면적 5,776.42㎡

전시층 면적 2층 427㎡, 3층 316㎡, 4층 249㎡

천장고 2층 5.5m, 3층 5.8m, 4층 7.6m

층별 용도 1층 로비·뮤지엄샵·카페테리아
          2층-4층 전시공간, 5층 Resource Center
          6층 뮤지엄 사무공간, 7층 다목적 홀

구조 지상 7층, 지하 2층, Steel Frame

공사비 5천만 달러

개관 2007년 11월 30일

어왔고, 특별히 이곳은 현재에도 중소규모 산업이 주 종목을 이루고 있다. 예전 서울의 청계천이 이를 기억하는 세대들이 간직한 청계천 일대와 삼일고가도로 주변 상권과 유사한, 세계경제의 중심이자 문화예술의 흐름을 좌지우지한다는 뉴욕의 그 이미지와는 사뭇 다른 모습을 보여주는 곳이다. 이것이 바로 뉴뮤지엄이 새로 자리매김한 장소의 컨텍스트다.

멀지 않은 소호로부터 이곳으로 이전한 뉴뮤지엄이 새로운 문화풍경의 선두주자로서의 역할을 이곳에서 얼마만큼이나 성공적으로 이루어나갈지 그 결과가 주목된다.

건축특성　　　뉴뮤지엄을 디자인한 건축가는 이 거리에서 적당히 쌓여있는 포장상자Packing box 더미를 디자인 요소로 발견한 것이 분명하다. 적당히 쌓여진 골판지상자를 기능적 관점에서만 본다면 건축가가 제안한 뮤지엄의 의미는 바로 그런 튼튼한 포장상자와 크게 다를 바 없다고 생각한다. 역설적으로 보면, 그러한 그들의 디자인 전략이 뉴뮤지엄의 모습에 가장 가까운 것이 아니었을까. 왜냐하면 맨해튼 로어 이스트Lower East 자체가 현재로서는 예술에 관한 한 불모지와 다름없으며, 뉴뮤지엄이라는 다소 생소하고 실험적인 체계의 문화단체가 가진 성격이란 것이 예술을, 그것도 현대미술로 제한된 아방가르드적 예술을 앞세워 새로운 장소에 새로운 도전장을 내밀었기 때문이다.

다운타운에 신축된 뮤지엄으로서는 비교적 저렴한 5천만 달러의 총 예산으로 요구하는 도시공간의 짜임새와 적절히 반응하면서 동시에 주변지역 일상생활과도 함께 영위하는 '십 년이 되어도 일 년 된 듯한, 일 년이 되어도 십 년 된 듯한' 뮤지엄 건축이 뉴뮤

1. 뉴뮤지엄 주변도로
2, 3. 전시공간

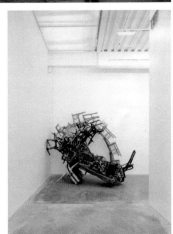

지엄의 특징이다.

뉴뮤지엄의 형태적 특성은 그 외형적 두드러짐이 특별한 양식이
나 사조를 넘어 '장소의 의미'를 사회적 컨텍스트로 저변에 깔고
새로운 모습으로 치환시킨 뉴New 뮤지엄museum이기에 성공적이
라고 할 수 있다. 이 건축은 뉴욕에 또 다른 문화공간으로 기억
될 것이다.

스페론 웨스트워터 갤러리

Sperone Westwater Gallery, 2011, Foster + Partners

건립배경

스페론 웨스트워터 갤러리는 개관 후 35년 간 다양한 매체로 작업하는 세계적인 작가들의 작품을 전시하는 곳이다. 새로 신축된 이 갤러리는 낙후된 바우어리Bowery 거리에 활력과 에너지를 불어넣는 역할을 하게 되었다. 따라서 주변에는 디자이너를 대상으로 하는 점포가 생기고, 고급스런 거리로 변모하기 시작했다.

건축특성

스페론 웨스트워터 갤러리가 들어선 바우어리 지역은 맨해튼 다운타운 동쪽을 남북으로 연결하는 바우어리 거리에 위치한 낙후된 지역에 대지가 폭 7.5m×깊이 30m밖에 안되는 좁은 필지에 꽉 차게 배치되었다. 다행히 이웃에는 SANAA팀이 설계한 뉴뮤지엄이 먼저 신축되어 장차 문화의 거리가 될 가능성이 보이는 곳이다. 가로변 한 상가의 폭밖에 안되는 좁은 대지이지만, 기존 규모에 비해 전시공간이 2배나 넓어졌고, 갤러리 공간 내 수직동선을 도입해 혁신적 공간 접근을 시도하였다. 즉, 4개 층의 전시공간을 3.6m×6m 크기의 대형 엘리베이터가 전시공간과 연장선상에서 상하로 원활하게 움직여 아무런 불편을 모르고 관람하게 해준다. 전면 밖에는 노출될 것이 없는 파사드를 주변 기존 건축들과 차별화시켜 커튼월로 개방되게 처리한 상업건축과도 같은 조형이다. 그리고 전면 4개 층 갤러리는 상징적 수직 이동수단인 엘리베이터가 노출되어, 거리의 역동성을 주면서 이웃한 뉴뮤지엄과 함께 갤러리라는 공간에서 예술과 교감하는 방식을 재고하려는 의도를 담고 있다.

<table>
<tr><td>1</td><td>2</td></tr>
<tr><td></td><td>3</td></tr>
<tr><td>4</td><td>5</td></tr>
</table>

1. 스페론 웨스트워터 갤러리 전면 파사드
2, 3. 전시공간과 수직 이동수단
4, 5. 단면도와 평면도

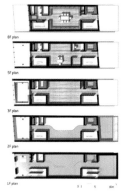

● 스페론 웨스트워터 갤러리

건축가 포스터 + 파트너(Foster + Partners)

소재지 257 Bowery, New York, NY 10002

대지면적 232.25㎡   연면적 1,858㎡

건축면적 232.25㎡   규모 지상 8층, 지하 1층

구조 철근콘크리트조

아트 앤 디자인 뮤지엄

Museum of Arts & Design, 2002-08

건립배경   아트 앤 디자인 뮤지엄은 본래 미국 크래프트 뮤지엄American Craft Museum으로 1956년에 설립되었으며, 2002년 뉴욕 시로부터 컬럼버스 서클Columbus Circle 대지를 사들여 새롭게 건립계획이 시작되었고, 2008년 모든 미디어로 제작된 20세기와 21세기 현대 오브제를 전시하기 위해 개관되었다. 아트 앤 디자인 뮤지엄은 공예·미술과 디자인 분야는 물론 건축·패션·인테리어 디자인·테크놀로지와 공연·예술 분야를 내용으로 하고 있다.

건축특성   아트 앤 디자인 뮤지엄은 맨해튼의 랜드마크가 될 정도로 4면의 변화를 가지고, 밝고 활기 넘친 현대미술 전시와 감상에 걸맞는 흥미로운 건축조형을 가지고 있다. 좁은 대지에 수직으로 포개진 기준층들이 어찌보면 똑같은 공간으로 지루할지 모르지만, 자연광을 유입하는 연속된 리본창ribbon window들이 공간 내부 사방으로 분산되고, 전시공간을 통과하면서 각층의 내부 공간 분위기를 다르게 느끼게 한다. 또한 외부의 풍경을 내부에서 보고 자신의 방향을 파악할 수 있게도 한다. 따라서 아트 앤 디자인 뮤지엄 공간 내부는 그 안에 도시를 담고 있는 셈이 되었고, 컬럼버스 서클이나 센트럴 파크 너머로 활기와 에너지를 발산하고 있는 듯하다.

● **아트 앤 디자인 뮤지엄**
  건축가 브래드 크뢰힐(Brad Cloefil, 1956-)
  소재지 Columbus Circle 40w. 53rd ST. New York, NY10019
  연락처 212-956-3535, www.madmuseum.org
  용도 1-6층 전시실, 7층 작가들이 어린이를 위해 직접 작품을 제작하는 공간

1. 아트 앤 디자인 뮤지엄 전경
2. 평면도
3. 전시실

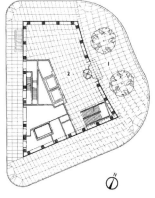

연면적 5,016.8㎡
규모 지상 10층, 지하 2층
개관 2008년 9월 27일

구겐하임 뮤지엄

The Solomon R. Guggenheim Museum, 1943-59, 증개축 1985-92

건립배경　　구겐하임 뮤지엄은 1939년 광산 투자로 돈을 번 실업가 솔로몬 구겐하임Solomon R. Guggenheim의 기금으로 뉴욕의 '영적 전당'을 상징하는 달팽이 모양의 외관과 원형 로툰다 형식의 뮤지엄을 건립하게 된 것이다.

탈도시적이고도 반역사적 건축으로 20세기 건축 걸작의 하나이면서 세계 3대 건축거장의 한 사람인 프랭크 로이드 라이트에 맡겨진 말년의 대표작품이기도 하다.

이 뮤지엄은 1950년에 건립된 샌프란시스코의 모리스 상점Morris Gift Shop과 같은 개념의 개인화랑으로 라이트의 건축 자체가 거대한 예술작품이다. 구겐하임재단이 라이트에게 의뢰한 것은 1943년이고, 1957년에 착공되어 1959년 라이트가 사망한 지 6개월 후에 개관되었다.

이 설계가 진행될 당시 미국에서는 뮤지엄의 신설이나 증축이 성행되던 때이면서 무엇인가 새로운 변화가 있는 뮤지엄 건축이 요구되던 시기다.

구겐하임 뮤지엄은 건축·회화·조각·판화를 포함한 19세기 말에서 20세기에 이르는 세계적 컬렉션을 수장하여 전시하는 현대 뮤지엄의 성격을 유지하면서 대규모 기획전을 개최해 왔다.

그러나 기존 전시공간으로는 대형작품의 전시나 대규모 기획전 개최에 한계를 가져와 1985년 최초 확장기획이 시작되어 전문가

　● **로툰다**(rotunda) 중심에 원형의 대공간을 가진 평면형식으로, 대개 전층이 개방되고 천장은 원형돔이며, 자연광이 쏟아져 장엄한 중심공간을 이룬다.

1. 맨해튼 주변 건축과 대조를 이룬 최초의 조감도
2. 증개축 후의 현재모습

구겐하임 뮤지엄
건축가 프랭크 로이드 라이트(Frank Lloyd Wright, 1867-1959)
증개축 Charles Gwathmey(1938-2009) +Robert Siegel(1939-)
소재지 1071 Fifth Ave. at 88th St.
연락처 212-423-3500
개관시간 토-수 10:00-17:45, 금 10:00-19:45, 목 휴관
전시면적 4,738㎡
규모 지상 6층, 지하 1층(증축부분 10층)

와 시민 사이에 논쟁을 불러일으켜 왔다. 즉, 뮤지엄 증개축은 시대적 요구에 따라 당연한 일이기는 하나 기존의 보존이나 파괴라는 어려운 문제로 긴 논쟁을 겪게 되었다. 특히 이 뮤지엄은 형태적 완결성을 가지고 있으며, 라이트의 공간적 개념을 훼손시키지 않고 가능한 증축의 대안이 어려웠기 때문이다. 그러나 10층 증축부분new tower은 본래 라이트가 초기계획안부터 염두에 두었던 것이어서 논쟁의 대상은 아니라고 본다.

증축으로 인해 대형작품을 전시할 수 있는 공간이 확장되었고, 스태프들을 위한 사무공간이 해결되었다. 또한 기존 나선형 벽 상부의 창도 이번 기회에 차단시켜 역광을 방지하였다.

건축특성   주변 건물이 대부분 상자형인데 반해 구겐하임 뮤지엄은 라이트의 유기적 형태인 나선형 건축으로 대비를 이루고 있다. 이런 형태의 추구는 전시공간의 연속성에서 기인한 것으로 중앙의 메이저 스페이스major space를 중심으로 그 둘레에 1층부터 6층까지 연결된 경사로ramp가 구성된 것이다. 중앙의 메이저 스페이스는 전층이 개방되고 천창에서 자연광이 유입되어 전관을 밝히는 장엄한 대성당과도 같은 공간이다.

뮤지엄 공간의 가치는 동선이 교차 없이 연속성을 갖는 것과 자연광 유입이 중요한데, 구겐하임 뮤지엄은 두 가지 조건을 모두 만족시킨 특별한 전시공간을 연출하고 있다.

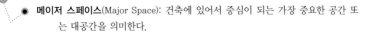

● **메이저 스페이스(Major Space):** 건축에 있어서 중심이 되는 가장 중요한 공간 또는 대공간을 의미한다.

1. 전체가 개방된 내부 대공간
2. 평면도
3. 중심부 대공간

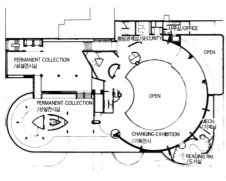

휘트니 뮤지엄

Whitney Museum of American Art, 1963-66

건립배경
휘트니 뮤지엄 설립자인 거투르드 밴더빌트 휘트니 Gertrude Vanderbilt Whitney, 1875-1942는 모던아트가 점차 뉴욕에 자리 잡아가던 시기에 독특한 개성의 소유자로 유명한 조각가이며 미술 수집가였다. 원래 그의 수집품을 메트로폴리탄 뮤지엄에 기증하려 했으나 거절당해 자신의 뮤지엄을 설립하게 된 것이다. 그가 소장한 6,000여 점은 모던아트의 중요한 위치를 차지한 많은 미국 현대미술작가들의 작품로이 리히텐슈타인·짐 다인·앤디 워홀·재니퍼 존스 등이었다. 이 뮤지엄은 미국 현대미술의 단면을 보여주기 위해 미국 20세기 회화·조각·프린트·드로잉을 주로 수집·전시한다.

영구 컬렉션을 장기간 전시하기보다는 6-8주마다 교체 전시하기 때문에 단기간 전시용으로 설계되었다. 즉, 전통적인 뮤지엄이기보다는 '극장개념'을 가진 수직분리형이 특징이다.

이 지역은 맨해튼 도심부 화랑가에 위치하고, 구겐하임 뮤지엄이나 메트로폴리탄 뮤지엄이 근접하고 있어서 꾸준한 방문객을 유

● 휘트니 뮤지엄
건축가 마르셀 브로이어(Marcel Breuer, 1902-81)
소재지 945 Madison Ave. at 75th St., New York, NY 10021
연락처 212-570-3676
개관시간 평일 11:00-18:00, 금 13:00-21:00, 월 휴관
대지면적 1,868㎡, 연면적 : 7,618㎡
전시면적 2,146㎡, 선큰가든 : 288㎡
규모 지상 4층, 지하 2층
개관 1966년 9월 27일

1. 휘트니 뮤지엄 전경

지하고 있다. 이미 1985년부터 제기된 확장계획안은 기존 건물 주변부를 활용하는 세 차례의 계획안 변경을 거쳐, 현재는 다운타운 첼시 근처의 미트 패킹 디스트릭트Meat Packing District에 새로운 부지를 구입하고, 렌조 피아노Renzo Piano의 디자인으로 독립된 건축공간을 만드는 방향으로 진행되는 것으로 알려져 있다.

건축특성　　　이 뮤지엄은 매디슨 애비뉴 일각을 차지한 고층건물이 밀집된 도심 속에서 공공적 표상을 명확히 한 독자적 조형특성을 지닌 뮤지엄이다.

전면도로에서 선큰가든을 통해 진입할 수 있도록 1층과 지하층은 후퇴되고, 상층부는 점차 돌출되어 있어 크지 않지만 다이내믹한 조형으로 압도한다.

1층은 주로 진입홀인 로비와 뮤지엄샵 그리고 기획 관련 서비스 영역이고, 2층부터 4층까지는 극장식 전시공간이 수직으로 배치되어 있다. 외부로 가장 많이 돌출된 4층은 대형작품 전시에 알맞게 가장 넓고 천장고가 높다. 또한 전시공간 대부분은 무창이지만 외관효과로 생긴 측창 때문에 외부가 조망되면서 자연광을 부분적으로 유입한다.

1. 각층 평면도
2. 전시공간
3. 상층부가 돌출된 단면도

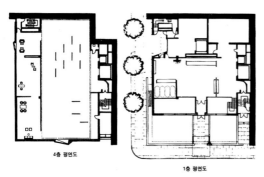

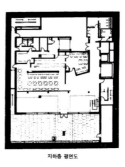

4층 평면도

1층 평면도

지하층 평면도

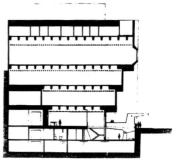

아메리칸 내추럴 뮤지엄, 로즈 센터

American Museum of Natural History, Rose Center for Earth & Space, 1994-2000

건립배경   1869년 설립된 아메리칸 내추럴 뮤지엄에 새로 확장된 로즈 센터는 뉴욕의 새로운 명소로 등장하게 되었다. 이 전시관의 건립목적은 우주를 지구로 끌어내려 모든 방문객이 우주 속에 하나가 되어 우주의 아름다움과 과학적인 이치를 깨닫게 하기 위함이다. 또한 이 전시관을 일반 천문관의 개념을 한 단계 뛰어넘어 천체물리학과 지구과학에 대한 최신정보를 경험할 수 있게 해준다.

이러한 아이디어는 1784년 프랑스 건축가 에티엔 루이 불레Etienne Louis Boullee가 아이작 뉴턴Isaac Newton 경에게 바치기 위해 설계했던 미완성 기념물에서 얻은 것이다. 이러한 의미에서 이 프로젝트는 18세기의 꿈을 실현시킨 셈이며, 따라서 이 전시관에는 뉴턴에게 바치는 기념비 대신 천장에 별을 띄우게 해주는 영사기가 중앙에 설치되어 있다.

● **아메리칸 내추럴 뮤지엄, 로즈 센터**
증축 건축가 제임스 폴세크(James S. Polshek)+토드 슐리만(Todd Schliemann)
전시디자이너 Ralph Appelbaum
소재지 Central Park, West at 79th St., New York, NY 10024-5192
연락처 212-769-5100 www.amnh.org
개관시간 화~목 10:00~17:45, 금·토 10:00~20:45, 월·공휴일 휴관
연면적 30,000㎡(유리상자 큐브 한 변 36m)
구(球) 직경 26.1m
규모 지상 3층, 지하 1층
공사비 2억 1천만 달러
개관 2000년 2월 19일

1. 로즈 센터 정면

이 로즈 센터는 과학·건축·전시·교육을 총체적으로 경험할 수 있다는 점에서 21세기 뮤지엄이 갖추어야 할 면모에 대한 새로운 비전을 제시한 사례다. 그리고 건축가와 천체물리학자 그리고 전시설계자와 큐레이터가 공동으로 추진한 프로젝트로 모범이 되고 있다.

건축특성   로즈 센터는 기존 고전건축과 대비된 유리상자 큐브cube 형태로 확장되었으며, 전시공간 외에 뮤지엄샵과 테라스, 식사공간 그리고 360대를 수용하는 주차장을 포함한다.

이 전시관의 진출입은 구관으로부터의 연결은 물론이고, 광장에서 직접 출입하기도 한다. 전체 전시내용은 7개 층에 달하는 전시와 연구시설로 구성되어 먼 외계의 우주에서부터 지구 내부에 이르기까지 연결된 천체여행을 경험하게 된다.

따라서 한 변이 36m인 큐브의 유리상자 속에 직경 26.1m의 구球가 떠 있는 우주극장이나 우주 통로 공간에서 거대한 우주의 크기와 영역, 대폭발Big Bang을 통해 우주의 탄생 그리고 이를 통한 인류의 존재를 인식하게 하는 전시공간과 전시내용이 연속되고 있다. 즉, 전시관에 들어서면 구체가 큐브 공간을 지배하여 방문객은 가까이에서 천체를 바라보며 우주를 비행하는 기분이고, 하부에서 상부 끝까지 연결된 경사로를 돌고 나면 마치 자신이 구체의 중력 때문에 왜곡된 공간 속을 질주하는 듯한 착각을 일으키는 색다른 우주여행을 즐기게 된다.

1
2

1. 전시공간
2. 단면도

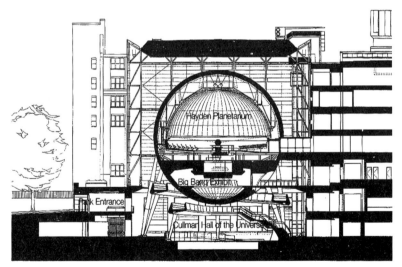

피에스원 컨템퍼러리 아트 센터

P.S.1 Contemporary Art Center, MoMA 분관

건립배경

　　　　　　　P.S.1 컨템퍼러리 아트 센터^{이하 P.S.1}는 1971년 앨래나 하이스^{Alanna Heiss} 여사가 '예술과 도시기반 연구소'로 시작하여 1976년 P.S.1^{Public School No.1의 약어}에 자리잡으면서 시작되었다. 원래 P.S.1은 뉴욕 최초의 공립학교로 점차 학생수가 감소하면서 폐교되었다가, 지금은 뉴욕 젊은 예술가들이 즐겨찾는 뮤지엄으로 탈바꿈하였으며, 2000년부터는 뉴욕 MoMA의 분관역할을 함으로써 더욱 권위 있는 뮤지엄으로 인정받게 되었다.

건축특성

　　　　　　　맨해튼 미드타운에서 퀸즈 브리지 건너편 롱아일랜드 시에 위치해 있어서 접근성이 용이하다. 'C'자 모양의 벽돌집으로 된 기존교사를 뮤지엄 공간으로 개조하고, 옛 운동장으로 사용되던 옥외공간은 콘크리트 벽으로 구성된 배치로 놀이터 같은 분위기다. 기존 학교건물은 가급적 보존하여 전시공간으로 살리기 위해 대대적 보수공사를 하였으며, 영구소장품 없이 특별전시나 기획전 위주로 운영하기 때문에 전시작가들이 기존 공간분위기를 잘 살려 전시하고 있어서, 뉴욕에서는 가장 앞서가는 작품을 전시하고 있다. 특히 옥외공간에는 '젊은 건축가 프로그램'이 해마다 설치되어 있다.

● **피에스원 컨템퍼러리 아트 센터**
　증개축 건축가 프레더릭 피셔(Frederick Fisher, 1949-)
　소재지 22-25 Jackson Ave. at 46th Ave. Long Island City, NY 11101
　연락처 718-784-2084, www.p.s.1.org www.moma.org
　개관시간 목–월 12:00–18:00, 화·수 휴관
　연면적 옥외 전시공간을 포함하여 11,000㎡
　규모 지상 4층, 지하 1층

1, P.S,1 정문
2, 젊은 건축가 프로그램 전경
3, 진입부

노구치 뮤지엄

The Noguchi Museum, 2004 재개관

건립배경   세계적인 일본계 미국인 조각가 이사무 노구치 1904-88가 공장건물을 개조하여 13개의 전시실과 야외 조각정원을 포함한 노구치 가든 뮤지엄Noguchi Garden Museum을 설립하여 돌·금속·나무·진흙조각·프로젝트 모델·댄스 세트dance sets 등을 포함한 240여 점을 전시하고 있는 소규모 뮤지엄으로 2004년에 재개관되었다.

노구치는 1904년 LA에서 출생하여 도쿄와 요코하마에서 유년시절을 보냈고, 미국 인디애나에서 고등학교를 졸업하였다. 일본인 부모에게서 태어난 그는 일본과 미국 중서부에서의 경험이 그의 예술적 비전에 많은 영향을 미쳤다. 그는 조각하는 방법을 위해 파리와 중국 그리고 일본을 방문하기도 했다. 초기에는 진흙 재료를 좋아했으나 시간이 경과함에 따라 돌조각에 매력을 느끼게 되었으며, 특히 일본에서 생산되는 매우 견고한 화강암과 현무암을 선호하여 이러한 재료를 통해 얻어내는 인내심과 결과품의 아름다움에 감사하였다.

뉴욕에서 예술가로 교육을 받은 그는 1940년대에는 뉴욕학파의 중요한 조각가로서 명성을 얻게 되었고, 이를 계기로 뉴욕 시에 창작작업의 근원지로 자리 잡게 되었다.

● **노구치 뮤지엄**
    소재지 32-37 Vernon Boulevard, Long Island City
    연락처 718-204-7088
    홈페이지 www.noguchi.org
    개관시간 수-금 10-17, 토·일 11-18, 월·화 휴관
    연면적 2,200㎡
    규모 지상 2층

1. 노구치 뮤지엄 전경
2. 전시공간

세계 2차 대전 이후에는 초기작품을 연구하기 위해 전 세계를 순
회하였으며, 조각작업뿐 아니라 조경과 정원 프로젝트를 위해 일
본과 이탈리아를 자주 방문하기도 하였다.

1961년부터 맨해튼에서 롱아일랜드 시로 거주지와 작업실을 옮겨
작업하다 1985년 이 뮤지엄을 마련하게 된 것이다.

건축특성　　노구치 뮤지엄은 2등변 삼각형 대지저변에 붙여지
은 공장건물을 뮤지엄 용도에 맞게 잘 개조하였으며, 직각부분
에 옥외 조각정원을 꾸며 훌륭한 자신의 가든 뮤지엄을 구현한
것이다.

1. 노구치 뮤지엄 조각정원
2. 1층 평면도

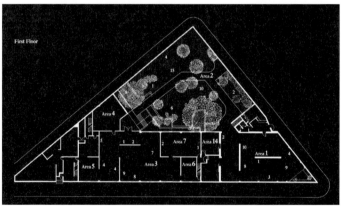

그 외 뮤지엄

the Morgan Library & Museum

www.themorgan.org / 225 Madison Ave. NewYork, NY10016 /
T.212-685-0008

Brooklyn Children's Museum

www.brooklynkids.org / 145 Brooklyn Ave. Brooklyn, NY11213 /
T.718-735-4400

Brooklyn Museum

www.brooklynmuseum.org / 200 Eastern Parkway, Brooklyn,
NY11238 / T.718-638-5000

Rubin Museum of Art

www.rmanyc.org / 150 W. 17th St. New York, NY10011 / T.212-
620-5000

New York Hall of Science

www.nyscience.org / 47-10111th St., Queens, NY11368 / T.718-
699-0005

Children's Museum of Manhattan

www.cmom.org / 212 W. 83rd St. New York, NY10024 / T.212-
721-1234

The Cloisters

www.metmuseum.org/cloisters/general / 99 Margaret Corbin
Dr., New York, NY10040 / T.212-570-3828

Metropolitan Museum of Art

www.metmuseum.org / 10005th Ave., New York, NY10028 /
T.212-535-7710

The Frick Collection

www.frick.org / 1E. 70th St. New York, NY10021 / T.212-288-0700

Cooper-Hewitt Museum

www.cooperhewitt.org / 2 E. 91st St. New York, NY10128 / T.212-849-8400

Museum of the City of New York

www.mcny.org / 1220 5th Ave. 10029, New York, NY10029 / T.212-534-1672

Bronx Museum

www.bronxmuseum.org / 1040 Grand Concourse, Bronx, NY10456 / T.718-681-6000

Sky Scrapper Museum

www.skyscraper.org / 39 Battery Pl. New York, NY10280 / T.212-968-1961

Jewish Museum

www.jewishmuseum.org / 1109 5th Ave. New York, NY10128 / T.212-423-3200

Asia Society and Museum

725 Park Ave. / T.212-517-ASIA

National Academy of Design Museum

1083 5th Ave. at 89th St. / T.212-369-4880

디아: 비컨 뮤지엄
Dia: Beacon Museum, 2003 개관

건립배경   디아: 비컨 뮤지엄은 맨해튼 챌시에 소재한 디아미술재단의 비컨 분관으로 맨해튼 서쪽 허드슨 강을 따라 한 시간 정도 북쪽으로 가면 전원도시 비컨Beacon에 도달한다.

환경이 좋아 고급저택이 많은 이 지역에 1929년에 지어진 기존 지역 공장건물을 뮤지엄으로 개조하여 2003년 봄 세계 최고의 대규모 상설전시장이 개관된 것을 볼 수 있다.

디아: 비컨이 위치한 허드슨 강변은 미술사적으로 '근대 풍경화가들의 인기 있는 작품대상'이고, 본래 이 공장건물은 1929년 신축되어 1991년 비워질 때까지 미국 과자업계의 대표기업이던 NA-BISCO의 과자 포장박스 인쇄공장이었으며, 건축적으로 보존가치가 있어 국가보존건축으로 등록된 건물이다.

디아: 비컨 뮤지엄
소재지 3 Beekman St. Beacon, NY 12508
연락처 845-440-0100
홈페이지 www.diaart.org
개관시간 여름(4.15-10.14) 목-월 11:00-18:00
　　　　 겨울(10.15-4.14) 금-월 11:00-16:00
대지면적 약 34에이커
연면적 27,820㎡(약 8,430평)
전시면적 약 22,300㎡
규모 지상 1층, 지하 1층
개관 2003년 5월 18일

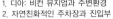

1. 디아: 비컨 뮤지엄과 주변환경
2. 자연친화적인 주차장과 진입부

디아: 비컨은 1974년 미니멀리즘과 설치미술 작가들을 지원하기 위해 설립된 디아미술재단이라는 비영리기관에 의해 운영되고 있다. 설립 당시 관장이었던 하이너 프리드리히Heiner Friedrich와 그의 부인 필리파 드 메닐Philippa de Menil, 휴스턴 메닐컬렉션을 설립한 도미니크 드 메닐(Dominique de Menil)의 딸, 그리고 젊은 예술사가 헬렌 윙클러Helen Winkler는 디아미술재단의 역할이 새롭게 부상하는 거대한 스케일의 현대미술을 지원하는 것에 초점을 맞추어야 한다고 믿었고, 차기 관장인 찰스 라이트Charles Wright도 소수의 예술가에 대한 장기적 지원을 계속하는 동시에 첼시 지역에 디아 아트 센터를 만드는 것이 소호 지역에 이어 첼시가 뉴욕 현대미술의 메카를 이루는 데 결정적 역할을 한 것이다. 또한 이 뮤지엄은 작가이자 전시에 오랜 경험을 쌓은 로버트 어윈Robert Irwin의 자문과, 건축가 리처드 글릭맨Richard Gluckman의 도움으로 개관되었다.

디아: 비컨 뮤지엄은 대규모 크기와 높은 천장을 가지고 있기 때문에 현대미술 전시공간으로는 최적이다. 첫째는 다른 뮤지엄들이 겪고 있는 컬렉션 증가에 따른 전시공간 부족에 대한 염려가 없다는 점과 둘째로는 동시대라고 할 수 있는 포스트모던 혹은 컨템퍼러리 작품들이 상설전시될 수 있기 때문이다.

예술품이 가지고 있는 에너지를 느낄 수 있는 이 뮤지엄은 정형화된 틀 속에서 먼지 한 점 없이 도도한 모습으로 관객을 맞는 메트로폴리탄 뮤지엄이나 구겐하임 뮤지엄과는 정반대로 관객을 끌어들여 가슴을 활짝 열게 함으로써 더 깊은 이성으로 다가서는 그런 공간의 매력을 느끼게 한다.

1. 기존 공장의 높은 천장과 고창이 현대 뮤지엄으로서 최적의 전시공간
2. 기존의 외벽과 창문을 그대로 살린 전시공간

건축특성　　　초기 개념설계 때부터 이 프로젝트에 전시대상 작가들이 직접 참여하여 프로그램과 전시환경 구성에 깊이 관여한 점과, 기존 건축을 존중하고 자연친화적으로 계획된 점이 특징이다. 즉, 전시장 주출입구는 최소한의 증축으로 관람객을 통제할 목적만을 만족시키고 곧바로 광대한 전시공간으로 이어지며, 좌우 대칭형 평면의 정 중앙부를 향하게 되어 좌우측 방향의 경로를 선택하게 된 후 자유로운 여정을 갖게 된다.

바닥재료는 기존공장의 단풍나무나 콘크리트 바닥을 있는 그대로 살리고 있어서 전시작품과 잘 조화를 이루고 있으며, 벽의 대부분도 기존의 창과 벽돌마감이 그대로이고, 내부 칸막이는 주로 보 밑까지만 막아 천장이 위로 노출되면서 천창으로부터 풍부한 자연광이 유입되고 있다.

디아: 비컨 뮤지엄의 전시원칙은 한 작가의 작품을 장기간 전시하는 형식이어서 기둥 모듈 12.2m×88.4m를 기본으로 비교적 충분한 공간 내에 작가별로 가능한 한 독립적인 공간을 구획해 놓았다. 개관 당시 상설전시 중인 작가는 24명뿐이어서 개인당 충분한 공간을 할애하고 있다. 그 중 우리에게 잘 알려진 리처드 세라Richard Serra의 숨 막히는 철판조각, 앤디 워홀Andy Warhol의 인상 깊은 판화 시리즈, 요셉 보이스Joseph Beuys의 설치작품, 하네 다르보펜Hanne Darboven의 편집증적인 일상생활의 기록들이 현대미술의 흐름을 정확히 보여주고 있으며, 전시공간과도 잘 어울린다.

외부 진입부 좌측에는 뮤지엄샵이 위치하고, 그 앞마당은 야외 휴식처 내지 이벤트를 위한 공간으로 적합하다.

1. 지하층 기존 보일러실을 이용한 리처드 세라의 대작
2. 1층 평면도 및 특정작가 위치도

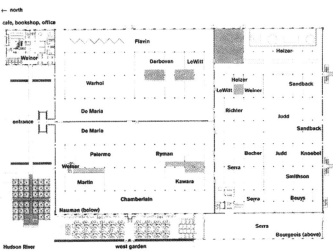

← north

cafe, bookshop, office

Weiner

Flavin

Darboven   LeWitt

Warhol

De Maria

entrance

De Maria

Palermo   Ryman

Weiner

Martin   Kawara

Chamberlain

Nauman (below)

Hudson River   west garden

Heizer

Heizer

LeWitt Weiner   Sandback

Richter

Judd

Sandback

Becher   Judd   Knoebel

Serra

Smithson

Serra   Beuys

Serra

Bourgeois (above)

펩시콜라 조각정원

Donard M. Kendall Sculpture Gardens at Pepsi Co World HQ, 1965

설립배경   세계적 음료회사 펩시콜라 초대회장인 도날드 켄들이 자신의 이름을 가진 정원을 희망하여 뉴욕 북쪽 퍼채스 Purchase에 조각정원을 본사 건축 둘레에 마련하게 된 것이다. 그는 이 조각정원을 위해 1965년부터 작품수집에 착수하여 벽이 없는 야외 뮤지엄으로 세심하게 계획된 조경과 조화를 이루어 전시하기 시작하였다. 그는 이 정원을 통해 안정·창조·실험 Stability ·Creativity·Experimentation이라는 회사의 비전을 반영하고자 하였으며, 또 다른 의미는 단순히 유명조각의 작품적 가치뿐 아니라 조각과 자연 그리고 건축이 어떻게 조화를 이루고 있는지와 교육적 가치를 가지고 만인에게 무료로 개방함으로써 기업의 이미지를 고양시킨 점에서 좋은 사례가 되었다.

주변성 및 배치개념   뉴욕 교외 퍼채스에 위치한 펩시콜라 본사는 뉴욕대 건너편 20만 평에 달하는 넓은 벌판에 본사건축과 인공호수가 있는 정원에 20세기를 대표하는 조각가의 주요 작품들이 세계적인 기업의 업무환경에 잘 조화를 이루고 있다. 1970년에 개관된 본사건축은 미국을 대표하는 건축가 에드워드 스톤Edward D. Stone, 1903-78에 의해 설계된 역피라미드형이고, 그 주변 조경은

● **펩시콜라 조각정원**
    소재지 700 Anderson Hill Rd Purchase, NY
    연락처 914-253-2900,2001
    개장시간 연중무휴 새벽-저녁
    대지면적 168에이커(약 205,666평)
    개장 1970년

1. 펩시콜라 본사건축과 전면 조각정원
2. 이사무 노구치의 〈모모 타로〉는 9개의 화강석으로 조합된 것이다.
3. 후정의 전시작품

그의 아들인 에드워드 스톤 주니어Edward D. Stone, Jr에 의해 계획되어 미국뿐 아니라 전 세계에 유명한 조각정원으로 각광을 받았다. 그후 1980년 유명한 정원 디자이너 러셀 페이지Russell Page, 1902-85가 확장시켰고, 1985년 이후부터는 국제적 정원 디자이너 프랑수아Francois Goffnet가 지속적으로 개발하고 있다. 펩시콜라 정원은 그 스스로 예술적 형태를 취하고 있을 뿐 아니라 예술품을 위한 배경으로서의 역할을 충실히 이행하고 있다.

공간구성 및 전시특성　　전체 조각정원은 안뜰, 앞면, 측면 그리고 뒤뜰으로 구분되며, 각기 예술적 형태를 취하고 있을 뿐 아니라 예술작품을 위한 배경으로서의 역할을 충실히 이행하고 있다. 지구라트Ziggurat의 반대형상을 하고 있는 3층 본사건축에 인접한 안뜰은 정돈된 관목과 정원수·분수 등의 인위적 요소를 도입하여 보편적으로 계획되어 주로 작은 크기의 조각들이 들어서 있다.

그 외 지역은 거대한 스케일의 정원에 맞는 대형 작품들이 각기 조화롭게 전시되고 있다. 특히 감상을 위한 산책로는 여러 형태의 정원을 연결해주는 리본과도 같은 역할을 하며, 이를 따라 거닐며 연속적으로 일련의 작품들을 감상할 수 있게 계획되었다. 전시된 작품들은 주로 20세기를 대표하는 알렉산더 칼더·헨리 무어·루이스 네벨슨·이사무 노구치·어구스트 로댕 등의 주요 작품들이다.

1. 조지 시걸의 〈4개 벤치 위의 세 사람〉(1983)
2. 알렉산더 칼더의 〈Hat's Off〉(1969)
3. 클래스 올덴버그(Claes Oldenburg)의 〈Giant Trowel II〉(1982)
4. 아르날도 포모도로(Arnaldo Pomodoro)의 〈Triad〉(1975-1979)

스톰킹 아트 센터
The Storm King Art Center, 1967

설립배경   스톰킹 아트 센터는 미국에서 뿐 아니라 세계적으로도 가장 훌륭하고 예술적인 가치를 인정받고 있는 조각정원으로 스톰킹이란 이 지역 계곡의 이름을 딴 것이다.

이렇게 세계 유수의 조각적원으로 개척하게 된 것은 1927년 버몬트 해치Vermont Hatch가 막대한 토지를 사들였고, 그는 프랑스식 대저택을 그대로 모방한 전원주택을 1953년맥스웰 킴밸 설계에 건립하였다. 1958년 랄프 오그덴Ralph Ogden, 1895-1974에게 토지 전부를 매각하되 그 자연의 아름다움을 그대로 유지시키고 누구에게도 절대로 분할해서 팔지 않는 조건을 붙였다. 이 조각정원의 설립자가 된 오그덴은 그는 아버지로부터 Star Expansion Industries 회사를 상속받았으나, 사장직을 버리고 세계여행을 즐기면서 컬렉션을 시작하였다. 특히 1961년 스톰킹 아트 센터를 야외 조각정원으로 꾸미겠다는 생각에 여러 나라를 돌아보고 많은 작품을 구입하기 시작했다.

스톰킹 아트 센터가 조성된 대지는 농업이 더 이상 수익성이 없는 사업으로 평가되어 황폐한 상태였으나, 이를 재생하기 위한 노력

● **스톰킹 아트 센터**
소재지 280 Old Pleasant Hill Rd Mountainville, NY (neer West Point)
연락처 845-534-3115
개장시간 04.1-10.27 11:00-17:30,
        10.28-11.15 11:00-17:00,
        월·화 휴관, 동절기 11.16-3.31 휴관
대지면적 500에이커(약 612,100평)
개장 1960년

1. 스톰킹 아트 센터의 광활한 들판 전경
2. 기존 저택을 개조한 실내 뮤지엄
3. 탈 스트리터(Tal Streeter)의 〈무한한 기둥〉

으로 재창조되었으며, 1997년 윌리엄 러더퍼드William A. Rutherford
와 같은 랜드스케이프 건축가를 고용하여 자연환경을 원상복구
시키면서 점차 아트 센터의 면적을 넓혀가고 있다.

주변성/배치개념　뉴욕 맨해튼에서 북쪽으로 60마일 떨어진 웨스
트 포인트미국육군사관학교 근처에 600에이커약 612,100평의 광활한
동산과 들판에 세계적으로 인정받는 조각정원을 개척한 것이다.
기존 전원주택을 개조하여 실내 뮤지엄으로 사용하고, 그 주변에
크고 작은 조각들을 배치하고, 특정 작가별로 영역을 구분하여
그 작가의 작품을 모아서 전시하는 방법으로 배치하였다. 또 광활
한 벌판임을 의식하기 위해 언덕 아래로는 운동장보다 더 큰 스
케일의 광장을 조성하여 내려다보는 효과를 연출하기도 했다. 아
직 개척하지 못한 토지들은 그대로 방치하여 개간된 것과 확연히
구분시킨 것도 특징이다.

공간구성/전시특성　광활한 지역에 탈 스트리터의 〈무한한 기둥
Endress Column〉이 지그재그형으로 18m 이상 솟아 있고, 그 배경
에는 알렉산더 칼더의 〈아치Arch〉가 그 뒤에 보이는 수목을 압도
하는 작품들을 전시하기 시작했다. 이웃한 또 다른 들판에는 알
렉산더 리버맨의 거대한 〈일리아드Iliad, 고대 그리스 문학의 가장 오래
된 서사시〉가 자리 잡고 있으며, 언덕 위에는 1977년 노구치에게 특
별히 그 언덕에 맞는 조각을 주문하여 〈모모 타로Momo Taro〉 작
품이 9개의 화강석으로 그룹을 이루기도 하였다. 설립자 오그덴
은 네델란드 오텔로Otterlo의 크뢸러-뮐러Kröller-Müller 조각정원
을 모델로 삼았고, 결정적으로는 1967년 뉴욕 주 볼턴랜딩의 데

1. 알렉산더 리버맨의 〈일리아드〉
2. 메나쉬 카디쉬만(Menashe Kadishman)의 〈Suspended〉는 매우 극적이다.
3. 알렉산더 칼더의 전시영역

이비드 스미스David Smith 조각정원을 표방하였다. 오로지 하늘과 땅에 의해서만 구획되었으며, 탁트인 들판에 바닥은 잔디이고 벽은 나무와 언덕으로 이루어진 것이 특징이다. 유럽의 조각정원이 대부분 폐쇄적 공간에 조성되어 있는데 반해, 이 조각정원은 열린 하늘 아래 개방적인 공간에 조성된 점이 특징이다.

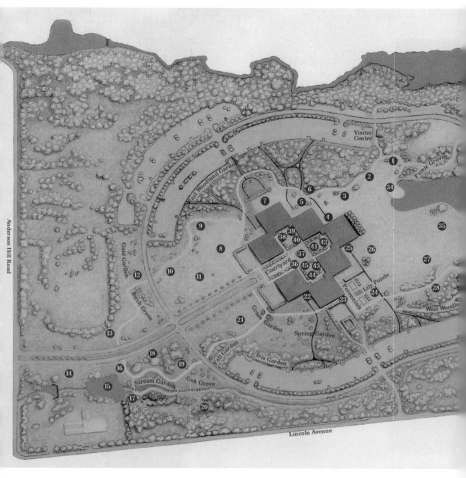

작품위치도

1	Alexander Calder	Hat's Off
2	Jean Dubuffet	Kiosque l'evide
3	Arnaldo Pomodoro	Grande Disco
4	Alberto Giacometti	Large Standing Woman II
	Alberto Giacometti	Large Standing Woman III
5	Auguste Rodin	Eve
6	Max Ernst	Capricorn
7	Kenneth Snelson	Mozart I
8	George Segal	Three People on Four Benches
9	Claes Oldenburg	Giant Trowel II
10	George Rickey	Double L Excentric Gyratory II
11	Barbara Hepworth	The Family of Man
12	Tony Smith	Duck
13	Richard Erdman	Passage
14	David Wynne	The Dancers
15	Wendy Taylor	Jester
16	Art Price	Birds of Welcome
17	Victor Salmones	The Search
18	David Wynne	Dancer with a Bird
19	Judith Brown	Caryatids
20	William Crovello	Katana
21	Henry Moore	Sheep Piece
22	Gidon Graetz	Composition in Stainless Steel No. 1
23	Joan Miro	Personnage
24	Robert Davidson	Frog
25	Marino Marini	Horse and Rider
26	Arnaldo Pomodoro	Triad
27	Barbara Hepworth	Meridian
28	Bret Price	Big Scoop
29	David Smith	Cube Totem Seven and Six
30	Isamu Noguchi	Energy Void
31	Louise Nevelson	Celebration II
32	Robert Davidson	Totems
33	Asmundur Sveinsson	Through the Sound Barrier
34	David Wynne	Grizzly Bear
35	Henry Moore	Double Oval
36	Henry Moore	Reclining Figure
37	David Wynne	Girl with a Dolphin
38	Henry Moore	Locking Piece
39	Seymour Lipton	The Codex
40	Jacques Lipchitz	Towards a New World
41	Henri Laurens	Le Matin
42	Henri Laurens	Les Ondiness
43	Seymour Lipton	The Wheel
44	David Wynne	Girl on a Horse
45	Aristide Maillol	Marie

N

링컨 기념관

베트남 참전 기념 조형물

한국전쟁 기념 조형물

세계2차대전
기념관

제퍼슨 기념관

백악관

워싱턴 기념탑

미국 유대인
학살 뮤지엄

미국역사관

더 몰

안내센터

자연사 뮤지엄

허시혼 뮤지엄과
조각정원

내셔널 에어 앤
스페이스 뮤지엄

내셔널 아트 갤러리

뉴지엄

이스트 빌딩

내셔널 아메리칸
인디언 뮤지엄

국회의사당

세계의 수도

New York, the City that Capital of the World

워싱턴

PART **02**

01 기원과 랜드마크

미국의 정치 1번지자 경제·외교 분야의 대립과 경쟁이 치열한 최전방 지대, 그렇기 때문에 국내 로비스트들은 물론이고 전 세계의 이목이 항상 집중되는 이곳은 정식 명칭이 워싱턴 컬럼비아 특별자치구Washington, District of Columbia라고 불리는 워싱턴 D.C.다. 미국의 수도이기 때문에 특별히 이 도시는 50개 연방정부에서 독립된 행정 시스템을 갖추고 있다. 면적을 비교해 보면 가장 작은 로드아일랜드Rhode Island 주보다 작고, 거주인구도 거주인구가 가장 적은 와이오밍Wyoming 주 다음으로 적지만 인구밀도와 인구 구성원 중 흑인의 비율이 가장 높은 곳으로 알려져 있다. 또한 현재 약 172개 국의 대사관이 있으며, 세계은행the World Bank·국제통화기금IMF 등의 본부가 자리 잡고 있는 등, 워싱턴 D.C.는 미국의 수도로서 그 고유한 역할을 가지고 있는 도시다.

1791년 미국연방의 새로운 수도로서 시작된 이 도시는 특별행정구역이기 때문에, 애초부터 도시의 넓이가 10마일×10마일의 크기로 제한되었고, 그 명칭은 자연스럽게 크리스토퍼 컬럼버스와 초대 대통령 조지 워싱턴George Washington, 1732-99의 이름을 딴 것이다.

미국의 수도는 역사상 세 번 바뀌었다. 첫번째 수도는 뉴욕, 두번째가 필라델피아였으며, 세번째로 새로운 독립국가의 수도를 다른 곳으로 옮기려하자 북쪽의 뉴잉글랜드인과 남부인 사이에 충돌이 벌어져 1790년부터 10년간 잠정적으로 필라델피아를 수도로 하다가 버지니아 주의원의 강력한 주장과 워싱턴 대통령의 결단으로 현재의 위치로 결정된 것이다.

워싱턴은 미국 50개 주 가운데 어느 주에도 속하지 않는 연방정부의 직할자치지구이기 때문에 연방정부의 입법·사법·행정기관들이 모두 모여 있는 곳이다.

이 지역은 원래 '피스카타웨이'라고 불리는 인디언 마을이었다. 그리고 1600년대부터 백인들이 들어와 농장과 타운을 형성하였고, 1749년부터는 버지니아Virginia의 식민지로 알렉산드리아Alex-andria라고 불렸으며, 주로 남부에서 온 흑인들이 많기로 유명한 곳이었다. 측량가이기도 한 워싱턴 대통령이 직접 그 위치를 정했고, 중심부의 모든 중요 건축은 그의 기념탑을 향해 건축되었다. 도시구조의 기본형태는 포토맥Potomac 강변 사방 10마일16㎞의 다이아몬드 형태256㎢의 크기로서 새 수도 워싱턴 D.C.가 계획된 것이다.

본래 워싱턴은 1800년 프랑스 육군공병이자 건축가인 피에르 샤를르 랑팡Pierre Charles L'Enfant, 1754-1825이 미혁명군에 가담하기 위하여 1776년 미국에 와서 전투에 참가하였다가 워싱턴 대통령의 주목을 받아 새 도시의 설계의뢰를 받게 된다.

그의 워싱턴 계획에 영향을 준 사람은 바로 그의 아버지로 그의 부친은 파리 교외에 있는 베르사유 궁전의 궁중화가로 아버지의 일들이 아들 작업에 영향을 준 것이다.

따라서 랑팡의 계획은 베르사유 시의 복사판으로 국회의사당을 궁전으로 보고 중심축과 대각선으로 뻗은 대로가 동서남북을 가리킨 것이고, 백악관과 워싱턴 기념탑은 그 체계 속에 놓여진 것이다. 이렇게 국회의사당이 중심이 되어 워싱턴 D.C.를 이루었기 때문에 현재도 다른 건축들은 의사당보다 높은 것은 허용되지 않고 있다.

워싱턴은 자유의 나라 미국을 상징하듯 도시 전체가 개방되어 있어서 국회의사당은 물론 대통령 관저인 백악관도 누구나 자유롭게 접할 수 있다.

시가지는 방사격자放射格子형 도로로 정연하게 구획되었으며, 내셔널 몰The National Mall은 너비 500m의 녹지대가 국회의사당과 링컨 기념관을 잇는 동서축 4.5㎞ 길이로 뻗어 있다.

원래 내셔널 몰 좌우는 관청가가 도열되었으나 현재는 스미스소니언Smithsonian 관련 뮤지엄들이 그 앞을 차지하고 있다. 이로써 워싱턴은 세계정치의 중심인 동시에 지구와 인류의 문화유산을 총 망라한 세계 최대 규모의 뮤지엄 컴플렉스museum complex를 조성함으로써 미국문화의 뿌리를 내리는 세계 문화중심 도시가 된 것이다.

본래 워싱턴 건설은 '연방도시'를 만들려는 계획1783에 입각한 도시다. 따라서 마천루의 도시인 뉴욕과는 대조적으로 저층건축과 기념비적 건축들이 들어서고, 녹지공원이 조용하여 아름다운 인상을 주고 있다. 세계에서 가장 아름다운 도시 중의 하나이기 때문에 관공서 업무 이외에 관광산업이 경제에 큰 영향을 주는 도시다. 또한 포토맥 강변의 아름다운 벚꽃나무와 강 건너의 알링턴Arlington 국립묘지 그리고 국방성인 펜타곤Pentagon 등이 관광

1. 워싱턴 D.C. 중심부
2. 워싱턴 중심부 배치도. 워싱턴 기념탑을 중심으로 4개의 주요 시설이 십자형을 이루고 각기 연결하면 연형을 이룬다.

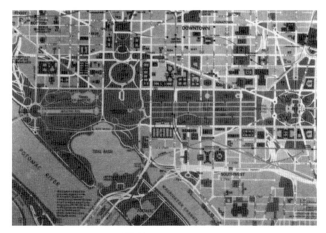

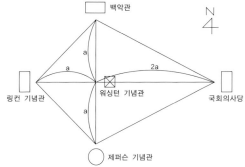

명소를 이룬다.

워싱턴의 벗나무는 미국과 일본 간의 우의를 돈독히 하기 위해 1912년 도쿄 시장이 워싱턴 시장에게 3천 그루를 선물한 데서 시작되어 포토맥 공원과 제퍼슨 기념관Jefferson Memorial 주위에 많으며, 3월 말 벚꽃축제Cherry Blossom Festival가 열리고 있다.

워싱턴은 1814년 영국 함대에 의해 점령되어 국회의사당과 백악관이 전화를 입은 일이 있으며, 이후 도시가 재건되고 대규모 수도 건설이 진행되어 면모를 일신했다. 특히 제1차 세계대전 전후에는 미국의 국제적 위상이 비약적으로 성장하여 미국 내부의 정치 중

심지뿐 아니라 이곳의 동향 여하가 세계의 신경을 집중시키게 된
곳이다. 지금도 세계 각국의 대사관들이 이곳에 운집되어 축소된
세계도시의 모습을 볼 수 있다.

한국과의 관계는 1882년 한·미간에 조약이 체결되어 1883년 1월
9일 미상원에 인준을 받아 그 이후로부터, 미국을 통해 세계를 보
게 되었다. 처음으로 미국 땅을 밟게 된 한국 사람은 보빙대사인
민영익閔泳翊, 1860-1914이고 유길준兪吉濬, 1856-1914이 수행했다.

워싱턴을 대표하는 건축물은 역사적으로나 건축조형적으로 알려
져 있는 것이 많이 있으나 랜드마크의 성격으로는 단연코 워싱
턴 기념탑Washington Monument이 가장 상징적 의미를 가지고 있
다. 이는 단순히 워싱턴 기념탑이 광장 한복판에 위치한 전망대
이기 때문만은 아니다. 워싱턴 D.C라는 도시를 떠올릴 때 그 건
립배경과 명칭, 그리고 전망대로서 역사적 이미지를 차용한 시각
적 특별함에 의해 기억에 남는 건축물로 남아 있다고 할 수 있
기 때문이다.

워싱턴 기념탑
Washington Monument, 1848-85

내셔널 몰이라고 불리는 넓은 벌판, 엘립스Ellips 공원에 우뚝 솟
은 이 기념탑은 미국 초대 대통령 조지 워싱턴이 신생 독립국인
미국의 기반을 굳게 다진 데 대한 공적을 높이 평가해서 당시 미
국 38주 전체가 석재와 경비를 공동부담하여 세운 것이다.

미국의 강한 이미지를 상징하는 169.3m 높이의 오벨리스크 형상
인 이 아름다운 탑은 도시 어디서나 볼 수 있으며, 워싱턴 D.C에

<table>
<tr><td>1</td><td></td></tr>
<tr><td></td><td>2</td></tr>
</table>

1. 도시 어디서나 볼 수 있는 워싱턴 기념탑이 미국의 강한 이미지를 준다.
2. 내셔널 몰 중앙에 우뚝 솟은 워싱턴 기념탑

서는 가장 높은 건축물로 지정되어 1899년 이후부터는 그 주변에
그보다 높은 건축을 규제하고 있다. 에펠 탑이 완성된 1889년까
지는 세계에서 가장 높은 구조물이었다.

● **워싱턴 기념탑**
　설계자　로버트 밀즈(Robert Mills)
　마감자　토머스 링컨 케이시
　높이　169.3m　　　　　　　　무게　90,854톤
　돌덩이　3만 6천 개　　　　　　계단 수　897개
　비용　119만 달러　　　　　　　위치　15th St. & Madison Dr.
　전화　202-426-6841　　　　　오픈　09:00-17:00
　휴일　독립기념일과 크리스마스

워싱턴의 중심을 이루는 가오리연의 모습을 한 도시의 기본구성은 몰 한가운데 우뚝 솟은 이 기념탑이 중심이 되어 동서로는 국회의사당과 링컨 기념관이 마주하고, 남북으로는 백악관과 제퍼슨 기념관이 마주보고 있다.

이때 워싱턴 기념탑은 4개의 건축이 이어지는 십자형 교차점에서 동으로 살짝 벗어나 자리한다. 탑에서 링컨 기념관·제퍼슨 기념관·백악관은 각각 1.5㎞ 거리에 자리하고 국회의사당은 그 두 배인 3㎞ 지점에 자리 잡은 점은 당시의 놀라운 디자인 감각을 보여주고 있다.

탑 내부에는 두 대의 엘리베이터와 계단이 설치되어 있으며, 최상부에는 사방을 내다볼 수 있는 전망대가 있어서 주변 시가지는 물론, 멀리 메릴랜드와 버지니아의 광활한 벌판을 한눈에 내려다 볼 수가 있다.

원래 설계공모안은 오벨리스크 기단부에 주랑식 판테온을 두어 미국 혁명의 영웅들을 묘사한 조각상으로 장식하려 했으나 오벨리스크만 세워졌다. 그 조차도 밀즈Mills의 설계가 채택된 지 12년 만에 건축되기 시작하였다. 기단부를 없애고 메릴랜드 산의 백색대리석으로 단순한 중심탑만 세운 것이 오히려 모던한 이미지를 풍기게 된 것이다.

이 탑의 건립은 1833년에 창설된 국립 워싱턴 기념탑협회가 자금을 대기로 하였기에 가능했다. 이어 1848년 7월 4일 각 주와 중앙정부 그리고 개인의 기부금을 토대로 공사가 시작되었으나, 1855년 남북분열의 혼란과 자금부족으로 인해 45.7m 높이에서 중단되었다가 25년만인 1880년 재개되었다. 본래 밀즈가 설계했을 때는 183m 높이였으나, 재개되면서 케이시 중령이 토대를 다시 설

1

1. 원으로 둘러싼 성조기가 장식적인 분위기를 조성한다.

계하여 이탈리아식 비례법을 적용하여 높이를 토대넓이의 10배로 적용한 결과 169.3m가 되었다. 또한 최상부의 모양도 최초안과 달리 16.76m 높이의 뾰족한 피라미디온으로 바뀌면서 고대 오벨리스크의 비례와 유사한 모양이 된 것이다.

1884년 12월 6일 알루미늄 고리에 대리석 관석冠石: 맨 꼭대기 돌이 올려짐으로써 공사가 완공되었으나 준공식은 워싱턴 대통령의 135번째 탄신일 하루 전날인 1885년 2월 21일에 거행됨으로써 37년 만에 완공된 셈이다.

준공 이후 보수작업은 2000년에 이루어졌는데, 2년 동안 약 940만 달러를 들여 193개의 석재와 내부 벽을 청소하는 작업이었다.

02 정체성 있는 문화권역

워싱턴은 세계 정치의 중심인 동시에 문화의 중심지로 변신한 것은 세계 최대규모의 뮤지엄 컴플렉스를 조성했기 때문에 가능했던 것이다. 따라서 워싱턴의 정체성 있는 문화권역은 역시 내셔널 몰에 도열한 스미스소니언 관련 뮤지엄 컴플렉스가 될 것이다. 그 내용은 다음과 같다.

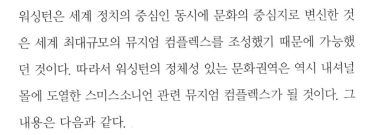

내셔널 몰과 스미스소니언 관련 뮤지엄 거리
National Mall & Smithsonian

내셔널 몰은 국회의사당과 워싱턴 기념탑을 잇는 광장으로 본래는 정부청사들이 도열된 곳인데, 문화정책에 따라 스미스소니언 관련 뮤지엄들이 그 앞을 차지하고 있다.

세계정치의 중심인 워싱턴 D.C.가 문화의 중심을 이루게 된 것은 스미스소니언 관련 뮤지엄들이 내셔널 몰에 컴플렉스를 이루고 있기 때문이다.

스미스소니언 재단의 설립은 한 개인의 의지가 미국정부의 문화인식을 눈뜨게 한 표본적인 사례다. 스미스소니언재단은 세계 최대의 문화재단으로 미국문화에 대한 진보적 시기를 열었고, 미래의 잠재적 가능성을 위해 지속적인 투자를 거듭하고 있다.

설립자 제임스 M. 스미스슨은 화학자·광물학자로 미국 제7대 앤드류 잭슨Andrew Jackson 대통령 시절 그의 유언에 따라 워싱턴에 '인류의 지식증진과 보급'을 위한 대규모의 문화재단을 설립하기 위하여 1838년 당시 50만 달러 이상의 유산을 워싱턴에 접수하

1

1. 워싱턴 기념탑에서 내려다 본 내셔널 몰. 좌우의 스미스소니언 관련 뮤지엄들이 청
   사 앞에 도열되어 있다.

여 그 기부금으로 설립된 것이다.

이러한 파격적인 문화기금은 유래가 없는 것이어서 미의회는 이
기금을 받아들이는 데 8년이 소요된 1846년에야 결정을 내렸다.
의회는 조건을 충족해야만 이 기금을 사용할 수 있도록 결의사
항을 내걸었다.

지식의 증진을 위하여는, 새로운 학문적 성과에 상금을 부여하고
조사에 대한 연구자금을 지원한다. 또한 보급을 위하여는, 정기
간행물을 발간해야 하고 전문서적을 간행해야 하며 그리고 재단
에 도서관과 뮤지엄을 포함하여야 한다는 조건이다.

● **제임스 M. 스미스슨**(James Macie Smithson, 1765-1829) 영국의 화학자·광물
학자로 노섬벌란드 공(公)과 헨리 7세의 혈통을 잇는 매시아와의 사이에 서
자로 프랑스에서 출생하였다. 그는 1786년 옥스퍼드 대학을 졸업하고 이듬
해 왕립협회회원으로 선임되었다가 평생 독신으로 유럽 과학계의 지도적 존
재로서 많은 발명·발견을 하였다. 그가 기부한 10만 파운드로 1846년 설립
된 조직체가 스미스소니언 재단으로 그 막대한 재산은 어머니로부터 상속받
은 것이 대부분이다.

워싱턴을 방문하는 미국인뿐 아니라 전 세계인들에게 문화증진
과 보급을 도모하는 스미스소니언 뮤지엄들은 연중무휴 개관하
고 무료입장을 시행함으로써 본래의 설립취지를 살리고 있다.
현재 이 재단의 연구와 투자는 전 세계 뮤지엄 문화를 선도하고
있으며, 문화풍경의 대표적인 컴플렉스를 조성하여 도시활성화나
관광자원화가 되고 있다.
스미스소니언 뮤지엄들은 현재 총 19개인데, 워싱턴과 근교에 14
개 그리고 뉴욕 시에 2개가 있다.

워싱턴에 위치한 뮤지엄들

Nat'l Air & Space Museum
Nat'l Museum of Natural History / Nat'l Museum of Man
Nat'l Museum of American History
Freer Gallery of Art
Arthur M. Sackler Gallery
Nat'l Museum of African Art
Arts & Industries Building
Hirshhorn Museum & Sculpture Garden
Nat'l Portrait Gallery
Nat'l Museum of American Art
Renwick Gallery of the Nat'l Museum of American Art(near the
White House)
Nat'l Postal Museum(near Union Station)
Anacostia Museum(in Fort Stanton Park)
Nat'l Zoological Park (on Connecticut Ave., NW)

뉴욕 시에 위치한 뮤지엄들

Cooper-Hewitt Nat'l Design Museum
Nat'l Museum of the American Indian

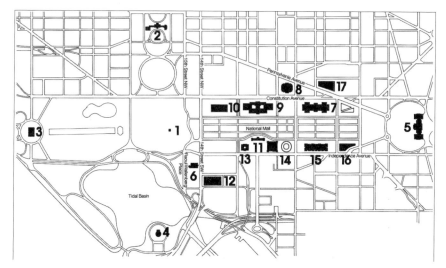

1. 워싱턴 내셔널 몰의 뮤지엄 위치도
2. 스미스소니언재단 본부

Location plan
1 Washington Monument
2 White House
3 Lincoln Memorial
4 Jefferson Memorial
5 United States Capitol
6 The United States Holocaust Memorial Museum
7 National Gallery of Art
8 National Archives
9 Museum of Natural History
10 Museum of American History
11 Smithsonian Institute
12 Bureau of Engraving and Printing
13 Freer Gallery
14 Hishhorn Museum
15 Air and Space Museum
16 National Museum of American Indian
17 Newseum

03 볼만한 환경조형물

본래 워싱턴은 기념비적 건축과 기념조형물이 가장 많은 아름다운 도시 중 하나이기 때문에 다른 도시와 같이 도로나 공공장소의 환경조형물보다는 추모조형물이 흔하다.
그 내용은 다음과 같다.

펜타곤 추모공원
Pentagon Memorial, 2008

2001년에 있었던 9.11테러 희생자들의 이름이 각각 새겨진 벤치 184개가 놓인 '펜타곤 추모공원'이 테러 7주년을 기해 2008년 9월 11일 헌정되었다.

이 추모공원은 버지니아 주 알링턴 국립묘지와 펜타곤 사이에 8,100㎡ 넓이로 조성된 공원으로 9.11테러 때 공중납치된 아메리카항공 77편이 펜타곤에 충돌하면서 숨진 탑승객과 국방부 직원 등 희생자 184명을 기리기 위한 곳이다. 희생자 이름이 새겨진 벤치 184개 중 탑승객을 상징하는 59개의 벤치에 앉으면 하늘이 보이고, 건물에서 숨진 사람들을 상징하는 나머지 125개에 앉으면 펜타곤 건물이 보이도록 했다.

건립비용 2,200만 달러와 유지·관리에 쓰일 기금 1,000만 달러는 희생자 유족들의 노력으로 마련되었다.

이 추모공원의 설계는 2003년 2월 건축전문가·정부관리·유족 대표로 구성된 11인 위원회가 공모작 1,126개 중에서 선정한 것이다.

1. 펜타곤 추모공원 전경
2. 부분전경
3. 추모 벤치 상세

펜타곤 추모공원

디자인 Julie Beckman + Keith Kaseman

설립/개관 연도 2008년 9월 11일

위치 펜타곤과 알링턴 국립묘지 사이

규모 8,093.85㎡

총길이 609.60m

베트남 참전용사 추모조형물
Vietnam Veterans' Memorial, 1979–82

이 추모조형물은 베트남 전쟁 중 전사하거나 실종된 미국인들의 이름을 사망일자에 따라 연대기순으로 새겨놓은 추모비다. 베트남전 참전 재향군인회가 주축이 되어 1972년부터 건립계획이 시작되었고, 1980년 설계공모가 시작되어 1,421점이 접수된 중에 당시 예일 대학 재학생인 마야 린이라는 여학생의 작품이 선정되었고 실제 건축은 1982년 5월에 착공되어 11월에 완공되었다.

이 작품은 전쟁의 참혹한 결과라는 사실을 '대지에 패고 지워지지 않는 상처'라는 뜻의 V자형 파임으로 은유하고, 그 상처가 되는 표면을 거울처럼 잘 연마한 오석에 1959년 7월부터 1975년 5월까지 베트남에서 전사한 58,196명의 이름만을 음각한, 당시로서는 매우 특별한 아이디어의 기념비였다. 전통적으로 업적을 기리거나 희생자의 얼굴이나 사건의 구상적 이미지를 표현하던 것이 주류를 이루던 당시에, 비구상적이고 미니멀한 형태이면서, 희생자의 이름과 그 이름이 새겨진 벽면에 비춰지는 방문자의 얼굴이 묘하게 겹쳐지게 해서 개념적으로 희생자와 추모자 사이에 훌륭한 연결고리를 만들어냈다는 찬사를 받고 있는 작품이다.

링컨 기념관 근처 잔디밭에 위치한 단순히 '벽The Wall'이라는 이 구조물은 중간 접점에서 125도 정도의 각도로 꺾어져 땅속으로

● **베트남 참전용사 추모조형물**
건축가 마야 린(Maya Ying Lin, 1959-)
위치 링컨 기념관 북쪽
위치 Constitution Ave. & 22nd St., NW
전화 202-462-6842
오픈 09:30-23:30

1. 125° 꺾긴 벽이 잔디밭 밑으로 내려갔다가 다시 올라오는 새로운 패러다임을 제시한 베트남 참전용사 추모조형물
2. 잘 연마된 오석에 희생자의 이름을 새긴 단순한 '벽'으로 탁본할 수 있게 했다.
3. '영광의 얼굴'이라는 주제의 세 병사가 지친 모습을 묘사하고 있다.

점차로 내려가는 길이 151m의 검은 오석 벽면으로 이루어졌다. 벽의 시작부분은 30㎝ 정도로 낮게 출발하여 접점에 이르러서는 3m가 넘는 높이다. 이 벽은 지면으로 올라오지 않은 상태에서 무덤, 혹은 아픈 상처를 상징적으로 표현한 잠입형태를 나타낸다. 이 '추모의 벽'이 완공된 후 입구에는 매우 사실적인 인물조각이 설치되었는데, 이 조각은 프레드릭 하트Frederick Hart, 1943-99의 〈영광의 얼굴들(1984)〉이라는 제목으로 세 병사의 지친 모습을 묘사했다. 또한 9년 뒤 바로 근처에 베트남 전쟁의 허망함을 상징하는 세 여군의 사실적 조각이 글레나 굿에이커Glenna Goodacre, 1939- 에 의해 제작된 작품이 추가되었다.

반대쪽에는 한국전 참전용사 추모조형물이 이와 함께 컴플렉스를 이루고 있다.

한국전 참전용사 추모조형물
Korean War Veterans' Memorial, 1986-95

휴전협정을 맺은 지 33년이 된 1986년 10월 28일 미국의회가 한국전에서 희생된 약 53,000명과 살아서 돌아온 참전용사들을 추모하는 조형물을 세우기로 결정하고, 그로부터 9년 후인 1995년에 완성되었다. 총 비용은 1,800만 달러로 참전용사 개인들과 한국기업삼성·현대자동차 등들의 지원으로 충당되었다.

최종 당선 디자인은 수많은 응모작 가운데 BL3라고 알려진 펜실베니아 대학의 건축팀이 선정되었고, 심사는 모두 한국전 참전용사로 구성되었다.

워싱턴 6·25기념공원 내에 삼각형과 원형을 맞물리게 구성한 범위에 배치된 이 기념조형물은 여러 가지 의미와 상징을 담고 있다. 이 조형물은 순찰나온 미군 19명의 판초우의를 쓴 병사들이 서로 주의를 환기시키며 동쪽의 성조기를 향해 전진하는 역동적 모습이 묘사되었다. 이들의 조각은 제2차 세계대전 참전용사였던 프랭크 게일로드Frank Gaylord의 작품으로 연마되지 않은 스테인리스 스틸로 주조되어 실감나게 느껴진다.

바닥에 줄지어진 돌로 된 선은 수면의 효과를 위한 것이고, 보도블럭에는 한국전에 참전한 22개 국의 이름이 모두 적혀 있어서 이 기념물이 미국뿐 아니라 참전했던 모든 유엔군을 기린다는 점이다.

● **한국전 참전용사 추모조형물**
건축가 BL3
위치 Daniel French Dr. & Independence Ave. SW

1 | 2
3

1. 한국전 당시, 판초를 쓴 병사들의 전진모습
2. 참전용사들의 뒷모습과 횡선은 한국전 당시의 논밭을 의미
3. 수색작전을 하고 있는 듯한 모습

삼각형 정점에 설치된 〈회상의 못Pool of Remembrance〉은 보는 이
로 하여금 과거의 명상에 잠기게 한 장치다. 그 뒤 나지막한 벽에
는 'Freedom is not Free자유는 거저 얻어지는 것이 아니다'라는 간단
하면서도 자유를 수호하기 위한 엄청난 대가를 다시 생각하게 한
다. 또한 길이 50m의 검은 화강암벽에 컴퓨터 그래픽으로 처리된
2,400명의 육·해·공군·군목·간호사들의 얼굴이 새겨진 비석은
전쟁의 비참함을 느끼게 한다.

최근2011년 6·25참전용사기념재단회장 빌 웨버은 추가로 대형 유리 추모벽을 세워 6·25전쟁 전사자, 실종자, 부상자의 이름과 카투사 KATUSA 사망자 등까지 모두 기록하자고 의회에 설득하고 있다. 이 조형물은 베트남 참전용사 추모조형물과 마주하며, 1995년 7월 28일 한·미 두 나라 대통령이 참석한 가운데 제막되어 새로운 명소가 되었다.

미해병대 전쟁기념동상
Marine Corps War Memorial, U.S, Arlington, 1954

링컨 기념관에서 알링턴 기념다리를 건너면 알링턴 국립묘지 북쪽 끝에 미해병대들이 성조기를 땅에 꽂는 모습을 한 전쟁기념 동상이 자리 잡고 있다. 펠릭스 드 웰던Felix W. De Weldon의 이 거대한 동상은 1775년 11월 10일 이래 그들의 조국을 위해 생명을 바친 미 해병들의 명예를 기념하기 위하여 1954년 11월 10일 세워진 것이다.
일명 IWO Jima Statue라고도 한다.

1

1. 미해병들이 성조기를 땅에 꽂는 모습

04 볼만한 뮤지엄

워싱턴의 스미스소니언 뮤지엄들 중에서 최근에 신축되었거나 현대 뮤지엄 건축으로서 가치가 있다고 생각되는 뮤지엄들을 소개하면 다음과 같다.

내셔널 아메리칸 인디언 뮤지엄
National Museum of American Indian, 2004

스미스소니언의 18번째로 건립된 이 뮤지엄은 내셔널 몰에 위치하고, 2004년 9월에 개관하였다. 의회결정에 의해 1989년 추진된 이 뮤지엄은 15년 만에 완성된 프로젝트로서, 이 뮤지엄을 포함하여 뉴욕 시에 있는 조지 구스타브 센터George Gustav Heye Center, 메릴랜드의 수트랜드에 있는 컬처럴 리소스 센터Cultural Resources Center 등 전체 3개의 시설로 구성되어 있다.

미국 인디언에게 기증된 미국 최초의 내셔널 뮤지엄으로서, 총 4.25에이커17,200㎡의 대지면적에 총 5개 층 23,000㎡ 규모를 자랑하고 있다. 곡선형 건물외관은 황금색의 카소타 라임스톤Kasota limestone으로 마감되었으며, 형태는 수천 년에 걸쳐 비바람에 풍화된 자연석을 연상시키도록 계획되었다. 전시내용은 서구 인디언 원주민의 생활·언어·문학·역사·예술 등이 주를 이룬다.

내셔널 아메리칸 인디언 뮤지엄
위치 Fourth Street and Independence Ave. Southwest

1. 대공간
2. 도서실
3. 전시공간
4. 진입부

이 뮤지엄의 설계는 캐나다 건축가 더글러스 카디널Douglas Cardinal에 의해 이루어졌으나 공사중 마찰로 인해 필라델피아 소재의 GBQC Architects사와 건축가 존폴 존스Johnpaul Jones에 의해 원안을 기초로 완성되었다.

주진입구를 들어서면 5개 층 높이의 오픈된 공간을 맞이하게 되는데, 이곳에서 각 층의 전시장을 파악할 수 있고, 거대한 스케일의 인디언 유물들을 관람할 수 있다.

내셔널 에어 앤 스페이스 뮤지엄

National Air & Space Museum, 1972–76

스미스소니언의 초기구상은 항공관계의 역사적 자료를 보존하고
전시하려는 목적이었으나 우주과학의 비약적인 발전을 고려해 종
합적인 항공·우주관으로 1946년에 구상이 시작된 것이다. 내셔
널 몰과 나란히 배치된 단순한 장방형 건축으로 허시혼 뮤지엄과
인접하고, 길 건너편에는 내셔널 아트 갤러리가 마주하고 있다.

이 뮤지엄은 1일 5만 명의 많은 관람객을 순조롭게 수용하기 위해
매우 선명한 동선으로 공간을 구성하였다. 세 곳에 2개 층을 개
방시킨 대공간과 총 26개의 부스로 분절되어 있다.

전시내용은 주로 라이트 형제의 최초 비행기·로켓·우주 캡슐·
우주선·스카이랩 등으로 실물을 매어 달거나 위로 치솟게 하여
거대한 전시물을 조화롭게 전시하고 있어서 항공우주 발달사를
체험할 수 있다.

또한 실지로 만져보고 탑승할 수 있게 되어 있으며, 아이맥스 극
장이나 태양을 체험할 수 있는 아인슈타인 천문관도 있다.

건축조형은 개방된 유리벽과 폐쇄된 석조벽이 반복된 단순한 조
형이다.

● 내셔널 에어 앤 스페이스 뮤지엄
　건축가　George Hellmuth, Gyo Obata, George Kassabaum
　위치　4th & Independence Ave., SW
　오픈　10:00–17:00
　휴관　크리스마스

1. 내셔널 몰과 나란히 배치되어 개방된 유리면과 폐쇄된 석조벽이 반복된 전경
2. 진입부 대공간
3, 4. 대공간 전시

허시혼 뮤지엄과 조각정원

Hirshhorn Museum & Sculpture Garden, 1974

이 뮤지엄은 개인소장의 기증품을 국가적 차원에서 관리하고 수장하기 위한 목적으로 운영되는 뮤지엄으로 주로 방대한 20세기 근·현대 회화와 조각이 위주이고, 본 건물 앞 대로변에는 부속된 야외 조각정원을 갖추고 있다.

1938년 미의회는 스미스소니언재단 내에 현대미술에 대한 흥미를 고조시키기 위한 새로운 갤러리를 건립할 것을 입법 제정한 적이 있었다. 그로부터 약 30년이 지난 1966년 라트비아Latvia 태생의 박애주의자 허시혼6세 때 미국으로 이민이 그의 모든 컬렉션을 미국 정부에 기증하여 이 뮤지엄의 건립이 실현되게 되었다. 그는 기증품 외에도 1969년 당시 건립기금으로 백만 불을 헌금하였다. 이러한 영향으로 다른 많은 수집가나 예술가들이 후원에 나서 4천여 점의 회화와 2천여 점의 조각들이 수집되어 개관되었다.

건축은 직경 약 70m되는 도넛형으로 외부에서 바라볼 때는 극히 일부분이 발코니로 개방되어 있을 뿐, 폐쇄적인 외형을 가지고 있다. 그러나 2층과 3층에 마련된 실내 전시장과 4층의 뮤지엄 업무관련 사무공간에서는 지상의 중정을 향해 개방되어 있어서, 복잡한 외부로의 시선이 차단되어 있지만, 동시에 아늑하고 풍부한 자연채광과 오직 하늘만이 보이는 차분한 분위기를 만들기 때문

● **허시혼 뮤지엄과 조각정원**
   건축가 Gordon Bunshaft, S.O.M
   위치 Independence Ave. & 7th St.,SW
   전화 202-633-4674
   오픈 10:00-17:30
   휴관 크리스마스

1. 도넛형의 뮤지엄 건물과 옥외 조각정원이 전면에 자리 잡고 있다.
2. 1층 필로티 부분의 중정
3. 전면광장에 주변보다 낮게 지하층에 조성된 조각정원
4. 전시공간

에 작품을 감상하는 데 좋은 조건이다. 지상층은 상층부 전시공
간을 지지하기 위한 최소한의 구조와 진입부만 제외하고는 모두
들어올려 개방된 형태다. 건물 앞 내셔널 몰 방향에 위치한 조각
정원에는 대형조각들이 내셔널 몰의 일부로서 주변보다 낮게 지
하층에 설치되어 있다.

내셔널 아트 갤러리, 동관
National Gallery of Art, East Building, 1968–78

1941년 100점에 불과한 전시품을 가지고 시작된 본관의 전시실이나 수장능력이 포화상태가 되어 기획전시나 특별행사 그리고 연구기능이 불가능한 상황에 이르렀기 때문에 신관 증축계획이 시작되었다. 따라서 동관의 증축계획에는 전시기능 외에도 수장공간이나 도서실·자료실 등이 보완되어야 했고, 시각예술의 전위적 연구센터 설립 등이 전시공간 만큼이나 중요하게 고려된 프로그램적 특징이라고 할 수 있다.

설계자인 페이는 관장인 폴 메론Pall Mellon과 협동으로 설계 프로그램을 작성하여 운영자의 의도를 설계 전에 수용한 점이 주목할 만하다. 그는 이 프로젝트의 성공으로 이후 루브르 뮤지엄 증개축 설계까지 맡게 되어, 건축가로서 중요한 의미가 있는 작품이다.

이 뮤지엄은 세계에서 가장 많은 연구지원과 중추적인 역할이 가능한 좋은 환경에 자리 잡고 있다. 이 대지는 당초부터 확보된 위치로 백악관과 국회의사당을 잇는 도로와 워싱턴 몰이 교차되는 요지다. 따라서 건축은 기념비적이면서도 주변 도로와의 관계성을 중점적으로 고려해야 하는 조건이었다. 그 결과로 삼각형 대지 형태를 적극적으로 반영한 전체적인 형태가 만들어졌으며, 전체 3개 층이 오픈된 중앙의 2등변 삼각형 모양을 한 대공간 성격이 강한 시각적 이미지를 형성하고, 그 주변을 둘러싸고 있는 개별전

● **내셔널 아트 갤러리, 동관**
건축가 아이 엠 페이(I. M. Pei, 1917-)
위치 4th & Constitution Ave.,NW
전화 202-737-4215 www.nga.gov
오픈 10:00–17:00, 일요일 11:00–18:00

West Building　　　Fourth Street Plaza　　　East Building

시실들이 조화를 이루고 있다. 본관과의 연결은 지하로 이루어지는데, 그 연결통로인 콩코스에는 편의시설인 뮤지엄 카페와 상점이 있으며, 천창으로부터 빛의 유입과 폭포수의 움직임으로 인해 매우 환상적인 공간을 이룬다.

전시내용은 구관이 13-19세기에 이르는 유럽의 미술품과 미국 초기의 회화·조각·드로잉·프린트·장식품인데 반해, 동관은 20세기의 현대미술과 마티스·미로·헨리 무어·알렉산더 칼더와 같은 거장들의 대작을 전시하고 있다.

미국 유대인 학살 기념관

The United States Holocaust Memorial Museum, 1985-93

이 뮤지엄은 비(非)스미스소니언 뮤지엄으로 나치정권에 의해 박해받고 학살당한 유대인의 역사를 추모하고 기념하는 의미의 연구·교육·예술 활동을 위한 전시관이자 기념관이다.

1933년부터 1945년까지 거의 6백만에 가까운 유대인이 학살되었는데, 이러한 기념관은 이미 파리나 프랑크푸르트 등지에 건립되었으나 조직 및 규모상으로는 처음 워싱턴에 본격적으로 건립되었으며, 이후 베를린에도 확장되었다.

1979년 건립추진 보고서에 의하면, ① 대학살의 특징과 그것을 기억할 수 있는 도덕적 만행을 일깨우는 내용 ② 대학살을 연구함으로써 20세기에 있었던 특정집단의 정신병적인 만행에 대하여 현대인이 기억하고 은유할 수 있길 희망하고 있다고 했다. 따라서 이 기념전시관은 전례에 없는 비극을 통해 얼마나 많은 인간이 고통을 받았는지 생생하게 기억하고, 서로 의존하며 살아가는 현대인으로서 동정심과 책임감을 같이 느끼고 도덕적으로 인류가 지향해야 할 바를 참혹한 과거사를 통해 관찰할 수 있게 제안되었다.

설계자인 제임스 프리드는 독일 태생 미국인 건축가로 다른 뮤지엄 설계 때와는 달리 최종안을 발전시키기 전에 실제체험을 더듬

● **미국 유대인 학살 기념관**
  건축가 제임스 프리드(James Ingo Freed, 1930-2005)
  전시설계 Ralph Applebaum & Martin Smith
  위치 100 Raoul Wallenberg Pl., SW 15th St.
  전화 202-488-0400
  홈페이지 www.ushmm.org

1. 주변 건축과의 컨텍스트를 이루기 위해 벽돌과 석재가 조합되었다.
2. 2층에 위치한 '회상의 홀'로 6각형으로 준엄하게 이루어졌는데, 6각형은 6백만 명의 유대인이 학살된 것을 의미한다.
3. 대공간 4. 전시 코너

어 보기 위해 '테러의 현장'을 방문하여 죽음의 기지에서 얻어진 자료와 감정을 작품에 반영시켰다.

신축 기념전시관 양쪽에는 기존의 빅토리아식 벽돌집과 석회암으로 된 고전주의 건물들이 인접하고 있기 때문에 주변 컨텍스트에 따라 내외장재가 벽돌과 석회암으로 조합되었다. 워싱턴에서 가장 흔하게 쓰이는 관공서 건물재료인 이 벽돌벽과 석회암 마감재는 자연스럽게 주변 환경에 녹아 흐른다.

실내로 들어서면, 붉은색 벽돌벽은 유대인 수용소를 연상시키는 철제 장식물들과 함께 방문객들을 2차대전 당시의 바로 그 현장

으로 순식간에 이동시킨다. 여기 2개 층이 개방된 대공간을 중심으로 상설전시실과 '회상의 홀'이 준엄한 상징적 공간으로 구성되었다. 전시실의 명칭이 제각기 붙여진 것은 그 명칭대로 생생한 교육체험장으로서의 의도를 읽을 수 있다. 예를 들면 1층의 기획실에는 '다니엘 이야기'가 음향과 더불어 짜임새 있게 꾸며져 있으며, 지하층의 '회상의 벽'에는 기성타일 위에 각기 다른 그림으로 표현되어 있어서 과거의 참혹한 회상을 극적인 긴장감으로 연출하고 있다. 상설전시실인 3·4층과 2층 일부에는 시대별 전시가 이루어지며, 상설전시품은 대개 암울한 흑백의 움직임이 있는 것이 특징이다.

조형적으로는 현지 '참혹한 현장'에서 얻어진 이미지인 다리·강철·벽돌이 디자인 요소의 기본을 이룬다. 이는 과거의 비참한 기억을 불러일으키는 데 도움을 주기 위한 표현이다. 특히 '회상의 홀'을 6각형으로 처리한 것은 유대인 학살 희생자 6백만 명을 상징한 것이다.

뉴지엄(=뉴스 뮤지엄)

Newseum(=News Museum), 2008

포토맥 강 건너편 버지니아 주 알링톤에 1997년 설립된 뉴지엄이 워싱턴 D.C. 한복판인 백악관과 미의회를 잇는 펜실바니아 길목

● **뉴지엄**
  건축가 제임스 폴섹(James Polshek & Partners)
  개관 2008년 4월 11일
  위치 NW Pennsylvania Ave. 555
  규모 지상 6층
  건축비 4억 5천만 달러(약 4,392억 원)

1 2   1. 뉴지엄 전경
2. 뉴지엄 전시공간

에 지난 2008년 4월에 새롭게 재개관되었다.

새롭게 자리한 뉴지엄은 세계 최대의 언론 뮤지엄으로 미국과 전
세계 언론의 중요성을 알리기 위해 계획된 것으로 전시기법상 새
롭게 유행하고 있는 '교육과 재미'를 추구하는 데 중점을 두고 있
다. 민간주도 단체인 자유 포럼Freedom Forum에 의해 운영되고 있
으며, 워싱턴 한복판에 재개관하게 됨으로써 언론에 대한 미국사
회의 신뢰와 기대를 반영한 것이라고 할 수 있다.

전시의 주요내용은 단순히 언론관련 역사적 사실과 유물을 전시
하는 것뿐 아니라 뉴스가 생성되고 소비되는 과정을 직접 보여주
는 스튜디오 시설과 함께 언론역사관·순직언론인 추모공간·퓰리
처상 수상사진 전시실·9.11 갤러리부터 4차원 영상으로 언론의
역사를 알 수 있게 한 극장·기자 앵커 체험공간 등이 다양하게
마련되었다. 또한 건축 외부에는 상징적으로 언론자유를 보장한
미국의 수정헌법 1조를 23m 대형 대리석 벽에 만들어 언론자유
의 중요성을 강조한 것이 특징이다.

신축을 위한 건축비용 4억 5천만 달러는 뉴지엄의 취지에 공감한
언론과 기업 그리고 각종 단체의 협찬으로 이루어졌다.

주변지역 문화명소

문화시설뿐 아니라 역사적이고도 기념비적인 건축은 다음과
같다.

케네디 기념 공연예술 센터

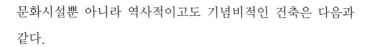

John F. kennedy Memorial Center for the Performing Arts, 1971

워싱턴 D.C.를 대표하는 종합 공연예술 센터가 포토맥 강변에 위
치하고 있다. 17에이커를 차지한 이 케네디 기념 센터는 케네디
대통령을 기념하기 위해 세계 각국의 단체와 개인 기부금 그리고
연방정부의 지원으로 5년여에 걸쳐 개관되었다. 이 '살아 있는 기
념관'은 연간 3,300여 건의 행위예술을 개최하고 2백만 명 이상
의 청중들을 수용하는 미국 내의 가장 활동적인 예술공연 관련
시설 중의 하나다.

그 주요기능으로는 컨서트 홀·오페라 하우스·극장이고, 영화
관·도서관·식당·서점 등을 갖춘 복합시설로 볼만한 뮤지컬과 컨
서트가 자주 열리는 곳이다. 그리고 청소년과 교사 그리고 가족
단위를 위한 프로그램에 매년 6백만 명 이상의 방문객이 참가하
고 있다.

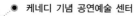

● **케네디 기념 공연예술 센터**
  건축가 에드워드 D. 스톤(Edward Durrell Stone, 1902-78)
  위치 2700F St., NW
  전화 202-467-4600
  홈페이지 www.kennedycenter.org

건축적으로는 금속 열주로 둘러싸인 장방형의 단순한 조형으로 고전적인 이미지를 현대 언어로 재해석한 디자인이다. 주 진입은 3개의 공연장 사이에 생긴 두 개의 홀형 통로를 통하여 대공간 grand foyer에 이른다. 이 대공간은 포토맥 강이 바라보이는 다목적 홀로서 드라마틱한 풍경을 연출한다. 두 개의 진입통로는 각각, 각 국의 홀Hall of Nations과 미국 각 주의 홀Hall of States의 명칭을 가지고 관련된 나라들의 국기와 각 주의 상징깃발을 펜던트처럼 도열시킴으로써 장엄한 실내분위기를 연출하고 있으며, 공연이 끝나고 나오면서 관객들의 열기를 유지시켜주는 감성적 공간역할을 한다.

미국국회의사당

United States Capitol, 1827-65

내셔널 몰 동쪽 끝 캐피털 홀 언덕 위에 솟아 있는 대형 백색 건축이 워싱턴을 상징하는 연방의회의사당이다.

최초의 도시계획 때부터 이 의사당이 주가 되어 워싱턴 D.C.를 형성했기 때문에 모든 것의 기점이 되고 있다. 따라서 이 건축보다 다른 건축은 높이를 규제하고 있다.

이 의사당을 위해 여러 건축가들이 참여하였는데, 1827년 설계공모에 당선된 계획안은 영국인 윌리엄 손턴이라는 아마추어 건축가의 초안이었다. 그 안을 발전시킨 두번째 건축가는 라트로브였고, 세번째가 찰스 불핀치 그리고 마지막으로 1836년부터 1851년까지가 로버트 밀스였다. 그 후로도 증축이 거듭되어 1851년부터 1865년까지 15년간에 걸쳐 지은 것이 오늘의 모습이다. 최종 설계는 미국인 건축가 토머스 우스틱 월터가 담당한 것으로 그는 1857년 미국건축가협회를 창립하여 종신회장을 지냈다.

의사당의 위치는 조지 워싱턴 대통령이 직접 결정했으며, 그 정면은 내셔널 몰의 워싱턴 기념탑을 바라보고 있다.

의사당의 기둥과 벽은 모두 백색돌을 사용하여 하얗게 구름 위

● **국회의사당**

건축가　최초안 / 윌리엄 손턴(William Thornton)
　　　　두번째 / 벤자민 라트로브(Benjamin H. Latrobe, 1764-1820)
　　　　세번째 / 찰스 불핀치(Charls Bulfinch, 1763-1844)
　　　　마지막 / 건축가 로버트 밀스(Robert Mills)
　　　　마감자 / 토머스 우스틱 월터(Thomas Ustick Walter, 1804-87)
위치　1st & 3rd St. Independence& Constitution Ave.
전화　202-225-6827
오픈　09:00-16:30, 일요일 휴관

1. 워싱턴 도시계획의 중심역할을 한 의사당이 백색으로 건축되어 워싱턴의 상징적 역할을 한다.
2. 의사당의 중심을 이루는 로툰다
3. 백악관 남쪽 정원

로 솟아오른 듯하며, 전면계단과 돔은 워싱턴 시의 또 하나의 상징으로 관광객이 끊임없이 이어지고 있다.

중앙의 로툰다를 중심으로 우측이 하원이고 좌측이 상원으로, 상·하원 합해서 535명의 의원이 의정활동을 하고 있다. 중앙의 로툰다는 직경 29m로 미국 역사상 중요한 역할을 한 인물들의 동상을 둘레에 설치했으며, 벽에는 컬럼버스의 신대륙 발견·독립선언 등 미국의 역사를 담은 그림들이 그려져 있다. 특히 돔에는 콘스탄티노 브루미디의 작품으로 처리되어 있다.

백악관
White House, 1792-

백악관은 이오니아식 열주가 웅장한 느낌을 주는 대통령 관저이자 집무실로 초대 대통령을 제외한 모든 대통령이 늘 세계의 주목을 받고 사는 곳이다.

이 건축은 1792년 초대 대통령에 의해 설계공모에 붙여졌는데 토
머스 제퍼슨Thomas Jefferson, 1743-1826, 미국 제3대 대통령도 익명으
로 응모했으나 낙선되고 당선자는 아일랜드계 미국인 건축가 제임
스 호반의 안이 선정되었다. 건축책임자는 영국인으로 1796년 미
국으로 이민온 건축가 라트로브가 미국 공공건물 담당관이다.

1812년 미국과 영국과의 전쟁 때, 워싱턴의 많은 건물들이 불탔는
데 백악관도 1814년 제4대 메디슨 대통령 때 불탔다. 그 후 백악관
은 백색으로 수리되어 1819년부터 이 궁전은 자연스럽게 'White
House'로 불렸으며, 영국 런던의 옛 궁전인 'White Hall'에서 인
용된 것이다.

현재의 건축은 1948년에 개축된 것으로 신고전주의 양식으로 속
칭 Oval House라고 불리고 있다. 그 이유는 서측 별관 1층에 있
는 대통령 별관 집무실 평면이 계란형으로 생겼기 때문이다.

건물바닥 크기는 25.5m×51m로 132개의 방이 있다. 일반에게 공
개되는 방은 1층과 이스트 룸정부가 주최하는 행사장으로 가장 큰 방 · 그
린 룸 · 블루 룸내빈을 환대하는 방 · 레드 룸대통령 부인의 내빈 접대용 · 스
테이트 다이닝룸140명 수용의 식당이며, 2층은 대통령의 주거와 방
문객을 위한 방으로 이루어져 있다.

● **백악관**
  건축가 제임스 호반(James Hoban)
  위치 1600 Pennsylvania Ave. NW
  전화 202-456-7041
  오픈 07:30-16:00

1. 아테네의 파르테논 신전을 모방하여 열주가 강조된 링컨 기념관이다.
2. 5.8m 높이의 동상이 놓이고 주변의 벽면에는 링컨의 연설문이 새겨져 있다.

링컨 기념관

Lincoln Memorial, 1921

제16대 대통령인 에이브러햄 링컨Abraham Lincoln, 1809-65의 공적을 기리는 기념관으로 5.8m 높이의 동상이 중앙에 놓인 건축으로 아테네의 파르테논 신전을 모방하여 건립되었다.

링컨이 암살당한 1865년 당시 36주를 상징하기 위하여 36개의 대리석 원기둥으로 열주를 형성하여 1921년 완성되었다.

기념관 내부에는 링컨 대통령의 게티스버그 연설문인 'the government of the people by the people for the people'을 비롯해 대통령 취임연설문을 새겨 놓았다.

워싱턴 기념탑 서측에 위치하며, 국회의사당과 마주한다. 밤에는 야간조명에 의해 장엄한 분위기를 자아내고 있다.

● **링컨 기념관**
위치 Foot of 23rd St. (West Potomac Park)
전화 202-426-6841,6895
오픈 09:30-11:30

제퍼슨 기념관

Jefferson Memorial, 1943

미국 독립선언서의 작성자이자 제3대 대통령 제퍼슨의 탄생 200
주년을 기념하기 위해 건립된 것으로 워싱턴 몰의 다른 주요 건축
과는 달리 로마의 판테온처럼 돔이 얹어진 직경 약 45m의 원형
건축으로 백악관의 대칭되는 반대측에 놓여 있다.

내부 중앙에는 5.8m 높이의 제퍼슨 동상루돌프 에번스이 서 있고,
벽에는 제퍼슨이 기초한 미합중국의 독립선언문 일부와 그의 정
치이념을 나타내는 글이 새겨져 있다.

이 기념관 주변의 포토맥 공원에는 일본이 우호의 징표로 기증한
벚나무가 아름다우며, 3~4월에는 벚꽃축제가 열려 많은 관광객
들이 붐빈다. 또한 주변 남쪽에는 공황을 벗어나기 위해 뉴딜 정
책을 감행한 제32대 로즈벨트 대통령의 동상과 그의 부인 엘리너
여사의 동상도 있다.

● **제퍼슨 기념관**
건축가 Pope, Eggers, & Higgins 이후 루돌프 에번스(Rudolph Evans)
위치 포토맥 공원 동측에 있는 Tidal Basin
위치 14th St. & East Basin Dr., SW
전화 202-426-6841
오픈 09:30-23:30

뉴딜(New Deal: 신정책) 미국 제32대 대통령 루즈벨트(Franklin D. Roosevelt,
1882-1945)의 지도 아래 대공황을 극복하기 위해 추진했던 제반정책으로, 정부가
적극적으로 개입하여 경제불황을 이겨낸 획기적 의의를 갖는다.

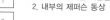

1. 원형의 제퍼슨 기념관 전경
2. 내부의 제퍼슨 동상

조지타운
Georgetown

워싱턴 D.C. 서북쪽에 자리 잡은 조지타운은 유럽풍의 낭만적이고도 자유스러운 분위기가 물씬 풍기는 세련된 곳으로 쇼핑과 역사의 거리다.

본래 이곳은 18세기 담배교역이 번성했던 항구도시로 포토맥 강에는 항시 수십 척의 담배 운송선이 오고 갔다고 한다. 이곳은 1789년 설립된 조지타운 대학을 중심으로 형성된 젊은이의 거리로 주말이면 로맨틱한 분위기 때문에 서울의 홍익대학교 앞처럼 워싱턴은 물론 다른 도시에서도 많은 사람들이 몰려든다. 고급 상점과 레스토랑이 즐비한데, 그 한 예로 500종류 이상의 전 세계 맥주를 보유한 술집은 매일 밤 성업 중이다.

도시 한 가운데 위치한 올드 스톤 하우스Old Stone House는 독립전에 지은 오래된 저택으로 내부는 18세기 화려한 장식품들로 꾸며져 있다. 가로조각이 놓인 물가나 운하를 따라 이어진 산책길은 조용하고 운치가 있다.

| 1 |
| 2 |
| 3 |

1. 조지타운 전경
2, 3. 거리풍경

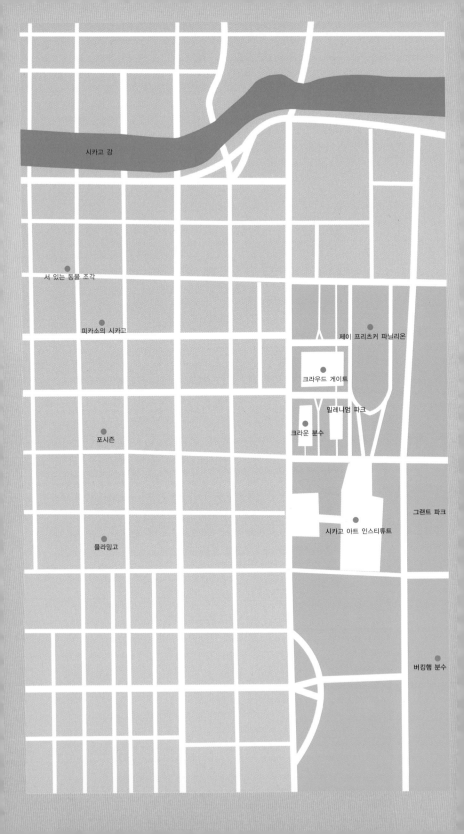

시카고 강

서 있는 동물 조각

피카소의 시카고

제이 프리츠커 파빌리온

크라우드 게이트

밀레니엄 파크

포시즌

크라운 분수

플라밍고

그랜트 파크

시카고 아트 인스티튜트

버킹햄 분수

바람의 도시
Chicago: the Windy City

시카고

PART 03

01 기원과 랜드마크

미국 중서부Mid-West의 중심도시인 시카고는 뉴욕과 로스앤젤레스를 잇는 중간지점으로 철도의 발달과 더불어 상업과 공업의 중심도시였다. 또한 시카고는 일리노이Illinois 주 북동부에 위치하며, 미국 제2의 도시였으나 로스앤젤레스의 성장으로 세번째 도시가 되었다. 그러나 역사적인 근대건축과 현대건축이 공존하고 있어서 건축적으로는 미국 어느 도시보다 볼거리가 많은 도시로 손꼽힌다.

시카고는 1803년 디어본Dearborn 요새가 구축되면서 시작되었고, 1836년 공식적으로 시市로 승격되었다. 당시 시카고에 거주하던 시민은 약 350명이었다.

1847년 일로노이 주와 미시간 주 사이에 운하가 개통되면서 최초로 철도가 연결되어 1870년까지는 대륙횡단노선을 포함한 주요 철도 모두가 이곳을 통과하게 되어 미국 제1의 교통중심지가 되었다.

그러나 1871년 10월 9일, 27시간에 걸친 대화재로 인해 현재의 다운타운 지역과 거의 비슷한 지역이 전소되었다. 이를 계기로 시카고만의 특수건축이 신속히 건설되어 시카고를 '젊은 도시'라고도 불리울 정도로 급성장하였다.

화재 이후 많은 건축가들이 시카고에 모이게 된 것으로, '초고층의 대가father of the skyscraper'로 불려진 윌리엄 르 바론 제니William Le Baron Jenny, 1832-1907부터 윌리엄 다니엘 번햄William Daniel H. Burnham, 1846-1912이나 존 웰본 루트John Wellborn Root, 1850-91, 그리고 '시카고 학파Chicago School'의 대표적인 건축가 루이스 설

1. 시카고 조감도

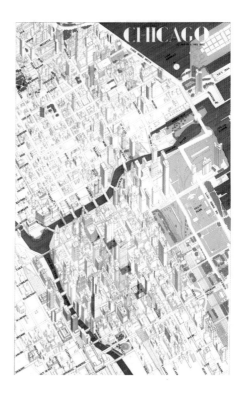

리번Louis Sullivan, 1856-1924을 비롯하여 프랭크 로이드 라이트, 미스 반 데어 로에Mies van der Rohe, 1886-1969 등과 같은 건축거장들의 활약으로 미국의 도시 중 건축적으로 가장 선진적인 초고층 도시를 건설하게 된 것이다.

특히 1893년, 컬럼버스 미대륙 발견 400주년을 기념하기 위해 5월 1일부터 10월 30일까지 개최된 시카고 만국박람회World Columbian Exposition를 통해 전 세계에 재생된 시카고를 알리는 계기가 되었다. 또한 1922년에는 시카고 트리뷴Chicago Tribune 본사 사옥을 국제 설계공모를 통해 개최함으로써 전 세계 건축가들에게 주목을 받게 되었다.

그 후 1938년에 미스가 시카고로 이주하면서 내화구조에 의한 고층 철골구조가 발달하게 되고 커튼 월curtain wall이 성행하게 되었으며, 1974년에는 당시 세계 최고 높이의 시어스 타워현재 윌리스 타워가 준공되어 초고층 건축을 주도하게 되었다. 때문에 시카고는 뉴욕과는 달리 역사적 스타일의 건축과 시카고 학파의 건축인 프레리 하우스 그리고 초고층 현대건축이 공존하는 특수한 건축도시로 유명하게 되었다.

시카고의 건축역사는 1990년대까지 크게 4단계로 구분되기도 한다.

1단계: The Chicago School of Architecture	1880-1910
2단계: Historical Style to Art Deco	1920-1930
3단계: The Second Chicago School	1950-1980
4단계: Post-Modern	1980-1990

1910년부터 1920년, 1930년부터 1950년 사이는 시카고 건축의 공백기로 제1차 세계대전과 경제공황 그리고 제2차 세계대전 등의 영향으로 건축행위가 거의 이루어지지 않을 때다.

그러나 대화재 이후 10년간은 급속한 도시화 현상이 일어났던 시기로 전례에 없는 고층 사무소 건축을 시도하기 시작하여 이후 시카고 학파로 알려지게 된 것이다.

이러한 건축적 배경 때문에 시카고는 미국을 방문하는 많은 건축가들에게 빼놓을 수 없는 도시가 되었으며, 근·현대 건축이 조화

● **프레리 하우스**(Prairie House) 프레리는 북아메리카 대륙 중앙부에 위치한 대초원을 의미한다. 중서부의 프레리 하우스란 1900년대부터 1911년 사이에 라이트가 설계한 주택으로 중서부 초원에 가장 적절하고 자연에 순응하는 전원주택을 의미한다.

1. 미시간 호에서 본 시카고의 스카이라인
2. 시카고 다운타운 전경
3. 남서쪽에서 본 시카고 다운타운 전경

롭게 공존하는 건축전시장으로서의 면모를 과시하게 된 것이다.

또한 시카고는 미국 5대 호수 중 하나인 미시간 호크기: 남북 500km, 동서 150km에 면해 있어서 도시경관이 수려하고 좋은 기후조건을 가지고 있으나, 중서부 평야의 바람으로 특히 겨울에는 바람이 많기로 유명하여 'Windy City'라는 별명을 가지고 있다.

뉴욕처럼 격자형 도로로 구성되어 있으며, 한 블록이 약 200m이고, 8블록이면 1.6km인 1마일이어서 지도를 통해 거리를 알 수 있게 계획되어 있다.

시카고에는 말레이시아 쿠알라룸푸르의 페트로나스 타워Petronas Twin Towers, 1999년, 452m가 건축되기 전까지 세계에서 최고의 높이를 자랑했던 시어스 타워, 바닥 면적이 제일 넓다는 머천다이즈 마트Merchandise Mart 그리고 수직적으로 가장 높은 스탠다드 오일

빌딩Standard Oil Building, 현, Amoco Building 등을 포함하여 자랑할 만한 건축물이 많다. 또한 시내에서 북서쪽으로 약 27km 거리에 있는 시카고 오헤어 국제공항O'Hare International Airport은 세계에서 가장 바쁜 공항으로 국내선 전용 터미널과 국제선 전용 터미널이 있으며, 각각의 터미널은 ATSAirport Transit System, 무인 셔틀 전철, 또는 보도로 연결 가능하다. 그리고 공항으로부터 다운타운으로의 접근은 24시간 운행하는 지하철 블루라인 CTAChicago Transit Authority와 주중에만 운행하면서 공항근처의 오헤어 환승역부터 유니언 역을 연결하는 메트라 노스 센트럴Metra North Central 라인의 레일라인, 다소 비싸지만 셔틀 밴Airport Express, 택시, 렌트카 등이 있다.

문화풍경 TIP

시카고 건축물 투어 | Chicago Architecture Foundation Tour_CAF Tour

시카고건축협회Chicago Architecture Foundation에서 공식적으로 운영하는 다양한 건축물 투어 행사로서 선박 투어Boat Tour · 버스 투어Bus Tour · 워킹 투어Walking Tour · 네이버후드 투어Neighborhood Tour 등 크게 4종류의 투어로 구분하여 진행된다. 각 투어 종류별로 주제·지역·일정·가격 등이 다양하기 때문에 홈페이지를 방문하여 원하는 투어의 종류를 올바르게 선정하여 예약하는 것이 무엇보다 중요하다.

1. 다운타운 미시간 거리

그러나 도시의 생리를 이해하기 위한 가장 좋은 방법으로는 무엇보다 도시를 걸어보는 워킹 투어로서, Historic Skyscrapers·Modern Skyscrapers·Architecture of Culture & Commerce가 효과적이다. 그중에서도 스테이트 스트리트와 미시간 거리를 따라 건축된 19세기 후반부터 20세기 초반까지의 주요

Chicago Lake & River Architecture Tour
만나는 장소: Archi Center Shop in the Santa Fe
Building 224 S. Michigan Ave.
전화: (312)922-3432
http://www.architecture.org/tours.aspx

건축물뿐만 아니라 문화·산업·경제 등을 가이드의 설명을 들으며 돌아볼 수 있는 Architecture of Culture & Commerce 투어소요시간 약 2시간가 가장 인기가 높다.

또 다른 방법으로는 배를 타고 미시간 호나 시카고 강을 따라 시카고의 마천루와 건축물을 감상할 수 있는 Chicago Lake & River Architecture Tour소요시간 약 60~75분와 14명 이내로 진행되는 Chicago Mini Bus Tour소요시간 약 2시간 15분 등 다양한 방법의 투어들이 준비되어 있다.

고가철도 | Elevated Train 약칭 'L'

시카고의 명물이면서 많은 영화의 배경으로 사용되고 있는 고가철도로서, 루프The Loop 지역을 순환·운행하는 대중교통 수단을 말한다. 코너를 돌 때 시끄러운 운행 마찰음을 일으키기도 하며, 그 하부에는 일반 자동차도로가 있어 도심에서의 교통순환에 많은 도움을 주고 있다.

L Train

1. 시카고 시청사
2. 제임스 R. 톰슨 센터 전경
3. 제임스 R. 톰슨 센터의 개방된 내부중정

시카고를 대표하는 랜드마크는 다음과 같다.

시카고 시청사 | Chicago City Hall, 1911

> 위치 121 N. LaSalle St.
> 건축가 홀러버드 앤 로슈(Holabird & Roche)
> 전화 (312)744-5000

1911년에 완성된 클래식 리바이벌Classical Revival style 건물로서 주변에 리차드 J. 데일리 센터Richard J. Daley Center와 피카소 조각품이 있는 광장, 그리고 주청사인 제임스 R. 톰슨 센터가 자리 잡고 있다.

제임스 R. 톰슨 센터 | James R. Thompson Center, JRTC 1985

> 주소 100 W. Randolph St.
> 건축가 머피/헬무트 얀(Murphy/Helmut Jahn)

1985년 일리노이주 청사로서 개관된 관공서 건축이었으나 1993년 명예 주지사인 제임스 R. 톰슨이라는 이름의 센터로 명명되었다. 톰슨이 '21세기 건물'이라는 주제로 내건 디자인 공모전에서 선정된 헬무트 얀1940- 의 17층 하이테크 작품으로서, 전형적인 포스트모더니즘 형식의 건축이다. 전체 높이로 개방된 중정을 중심으로 열린 사무공간이 에워싸고 있고, 전면의 곡선 유리전면은 직교하는 도시 모듈에서 일탈한 랜드마크 역할을 하며, 진입부에는 장 뒤뷔페의 〈서 있는 동물 조각〉 작품이 위치하고 있다.

시카고 상품거래소 | Chicago Board of Trade, 1930

위치 141 W. Jackson Blvd.
건축가 홀러버드 앤 루트(Holabird & Root)
높이 45층, 184m

1848년에 설립된 세계에서 가장 오래된 상품거래소로서 1965년 리차드 J. 데일리 센터 이전에 시카고에서 가장 높았던 건물이었으며, 1977년 시카고 랜드마크로 지정되었다.

윌리스 타워 | Willis Tower, 과거의 시어스 타워, 1974

위치 Frank St. & 233 Waker Dr.
건축가 SOM
전화 (312)875-9696, 9447
오픈 4월-9월 10:00-22:00, 10월-3월 10:00-20:00
높이 442m(1,127ft, 110층) / televisionantenna 77m(253ft) 별도

이 건축은 통신판매 분야에서 세계제일의 역사와 매출을 자랑하는 시어스 본사 사옥이었다.

110층으로 당시 세계에서 가장 높은 사무소건축으로 존 핸콕 센터 건축과 조화를 이루면서 시카고의 랜드마크가 되었다. 두 건물 모두 SOMSkidmore, Owings & Merrill의 건축 파트너 브로스 그레이엄Bruce Graham과 구조 파트너 파즈루 칸Dr. Fazlur Khan의 주도로 이루어졌으며, 윌리스 타워는 9개의 스퀘어 튜블러Square Tubular 를 이어 만든 구조 시스템으로도 유명하다. 외관 마감재료는 검은

1
2
3

1. 상품거래소 내부
2. 상품거래소 상부 야경
3. 1970년대 세계에서 제일 높았던 월리스 타워(구 시어스 타워)

알루미늄과 청동색 계열의 유리로 이루어졌다. 그리고 별도의 전
용 고속 엘리베이터를 통해 연결되는 103층지상 412m에 위치한 전
망대에서는 시카고 다운타운뿐만 아니라 주변의 먼 거리까지 한
눈에 내려다 볼 수 있다. 최근 월리스로 주인이 바뀌어 시어스가
월리스 타워로 건축명칭도 바뀌었다.

시카고 강 | Chicago River

일리노이주 북쪽에서부터 시카고 다운타운을 통과하여 미시간 호수로 흘러들어가는 시카고 강은 도시의 정취를 더해주고 있다. 강변을 따라 분위기 있는 레스토랑과 카페를 포함하는 시카고 건물들이 도열해 있으며, 강을 따라 운행하는 Chicago River Architecture Tour소요시간 약 60분를 통해 이를 감상할 수 있고, 매년 3월 17일 열리는 아일랜드 성직자 '성 패트릭의 날Saint Patrick's Day' 축제에는 강을 녹색으로 물들이기도 한다.

머리나 시티 | Marina City, 1959-64

위치 State St.
건축가 버트랜드 골드버그(Bertrand Goldberg)
높이 65층, 179m

일명 '옥수수 건물'로 알려진 이 쌍둥이 타워는 스테이트 거리의 한 블록 전체를 차지하며, '도시 속의 도시city within a city'라 불릴 만큼 극장·체육관·수영장·아이스링크·볼링장·가게·레스토랑·호텔·주거공간 등을 포함하는 주상복합 건물이다. 건물의 19층까지는 주차장, 21층-60층까지는 주거공간각 타워별 450세대, 61층에는 360도 개방된 옥상 데크가 위치하고 있다.

총공사비 3천6백만 불로서 1964년 완공 당시, 세계에서 가장 높은 주거건물이면서 가장 높은 철근 콘크리트 구조였으며, 1965년 AIA 상을 수상한 바 있다.

건물 센터의 엘리베이터 코어를 중심으로 밖으로 뻗어나간 캔틸레버 구조로서 각 층별 16세대10m 지름로 나뉘어져 있다.

1   2
    3

1. 시카고 강과 333 Wacker Dr.의 건물군
2. 시카고 강 야경
3. 시카고 강의 북쪽에 면한 머리나 시티 전경

트리뷴 타워 | Tribune Tower, 1923-25

위치 435 N. Michigan Ave.
건축가 John Mead Howells & Raymond Hood, NY
높이 36층, 141m

1922년 시카고 트리뷴사 주관으로 진행된 신사옥 국제설계 공모 당선작총 현상금 $50,000으로 신고딕양식neo-Gothic의 랜드마크 건물이다. 이 국제공모전에는 2위를 차지한 엘리엘 사리엔Eliel Saarinen을 비롯하여 월터 그로피우스Walter Gropius·아돌프 로스 Adolf Loos 등 유명한 건축가를 포함하는 총 260여개 이상의 계획안이 제출되었고, 이를 통해 미국 건축역사의 새로운 전환점을 맞이하게 되었다.

리글리 빌딩 | Wrigley Building, 1921(south tower), 1924(north tower)

위치 410 N. Michigan Ave.
건축가 Graham, Anderson, Probst & White
높이 남쪽 타워-30층, 130m, 북쪽 타워-21층

우리에게 껌으로 유명한 리글리사의 사옥총 연면적 42,125㎡으로서 트리뷴 타워 건너편에 위치하고 있으며, 시카고에서 처음으로 공조설비air-conditioned를 갖춘 사무용 건물이다.

올드 시카고 워터 타워 | Old Chicago Water Tower, 1869, 1871

위치 North Michigan Ave.at Chicago Ave.
건축가 W.W. Boyington
높이 약40m (138ft)

1871년 이유 모를 대화재로 시카고의 온 시가지가 불타오다가 이곳 펌프장 자리에서 불이 꺼졌다고 한다. 이를 기념하기 위해 고딕 건축양식을 모방한 석조건축을 세웠다. 옛 성곽과 같은 모양으로 높이는 약 40m138ft로 시카고의 랜드마크 중 하나가 되었다.

1. 트리뷴 타워 전경
2. 리글리 빌딩 전경
3. 시카고의 랜드마크인 워터 타워

현재는 관광안내소로 사용되고 있으며, 주변은 미시간 거리로 시
카고 도심의 주요 쇼핑지역으로 발전하고 있다.

존 핸콕 센터 | John Hancock Center, 1965-69

위치 875 N. Michigan Ave.
건축가 SOM
높이 100층, 344m, 457m(안테나 포함)

사무실·레스토랑·약 700세대 콘도 등의 시설을 수용하는 복합
용도의 건물로서, 시카고에서는 4번째, 미국 내에서는 6번째로 높
은 건물이다. 시카고 SOM이 설계하였으며, 풍압과 내진구조를 위
해 구조 파트너 파즈루 칸에 의해 계획된 X-bracing system은
건물표피에 구조물을 노출시킨 세계 최초의 시도로서 시카고 초
고층건물의 구조미와 다양성을 더해준다. 이 구조는 일종의 튜블
러 시스템의 일부로서 초고층 구조를 가능케 해 줄뿐만 아니라
실내의 개방된 가용공간을 확보할 수 있다.

94층에 위치한 전망대(observation deck)에서는 시카고 다운타운의
전경을 한눈에 즐길 수 있고, 95층에는 레스토랑이 위치하고 있
어 사랑하는 연인들의 프러포즈 장소로도 많이 애용되고 있다.
또한 96층에는 라운지 바가 있어 야간에 정겨운 잔을 기울이며
도심의 정취를 즐길 수도 있다.

제이 프리츠커 파빌리온 | Jay Pritzker Pavilion in Millennium Park, 2004

위치 그랜트 파크
건축가 Frank O. Gehry Partners
컨설팅 SOM(구조) 등
수용인원 고정좌석 4,000석, 잔디광장 7,000석
건축주 Millennium Park, Inc.
공사비 $475million
개관 2004년 7월
홈페이지 www.architecturalrecord.com
자료 Architectural Record 2005:01 a+u :08

시카고 도심 동측 미시간 호수가 그랜트 파크Grant Park의 일부에 크라운 분수·루리Lurie 정원·클라우드 게이트 그리고 이 파빌리온이 밀레니엄 파크를 이루면서 시카고의 새로운 랜드마크로 등장하게 되었다. 본래 이 파빌리온은 21세기가 시작되는 2000년도에 완공계획이었으나 4년이 지연된 2004년 7월에 개관되었다.

이 파빌리온은 야외공연장으로 그랜트 파크 교향악단의 연주회
를 개최하는 것이 주목적이며, 이와 더불어 시카고의 각종 재즈
나 블루스·월드뮤직 컨서트가 열리는 노천시설이다. 야외공연장
의 무대가 되는 이 파빌리온은 게리 특유의 조각적인 조형언어가
사용되고 있다.

이 파빌리온은 공원주변 도로에서도 잘 보이므로 새로운 밀레니
엄 파크의 중심시설로서 각광을 받고 있다. 여기에는 120명 규모
의 오케스트라가 수용되고, 최대 150명을 수용할 수 있는 코러
스테라스가 마련되어 있다. 무대 정면은 거대한 유리문으로 개
폐가 가능하여 동절기에는 단체나 개인의 연회장으로 활용되기
도 한다.

객석부분은 2개의 영역으로 구분된다. 즉, 파빌리온 가까이에는
4,000석의 고정된 객석이 있고, 그 뒤로는 7,000명을 수용할 수
있는 잔디광장이 마련되어 많은 사람들이 보다 자유스러운 분
위기에서 공연을 즐길 수 있도록 되어 있다. 이 두 개의 객석은
19.8m 간격으로 배치된 격자형 스틸 파이프로 덮여 있어서 객석
의 영역을 시각적으로 확보해주기도 하고, 그 파이프에 스피커가
설치되어 있어서 무대로부터 먼 곳까지도 충분한 음향을 전달할
수 있게 한 장치가 된 것이다. 무대부분의 은빛화염이 폭발한 듯
한 장식 외에도 밀레니엄 파크의 또 다른 볼거리는 컬럼버스 드라
이브Columbus Drive를 건너오는 보행자 다리가 곡선을 그리며 접
근되는 아름다운 디자인을 더하고 있으며, 크라운 분수나 클라우
드 게이트 조각 그리고 루리 정원 등이 복합적으로 문화지역을 이
루고 있다. 파빌리온 뒤쪽에는 음악과 댄스를 위한 해리스Harris
극장도 포함된다.

시카고는 다른 대도시와 마찬가지로 세계적 수준의 오케스트라, 뮤지컬, 연극, 스포츠 등의 실내외 문화행사가 일 년 내내 연속적으로 진행된다.

주요 공연정보

시카고 교향악단 심포니 센터 | Chicago Symphony Orchestra Centre
주소 220 S. Michigan Ave.
전화 (312)294-3000   홈페이지 www.cso.org

라비니아 페스티벌 | Ravinia Festival
기간 매년 6월부터 12-16주 동안 공연)
주소 Highland Park
전화 (847)266-5100   홈페이지 www.ravinia.org

리릭 오페라 | Lyric Opera of Chicago, 이전 Civic Opera House
주소 20 North Wacker Drive
전화 312-332-2244   홈페이지 www.lyricopera.org

공연티켓 구입장소

주소 72 E. Randolph/ 163 E. Pearson. St./ 9501 Skokie Blvd.
전화 (312)922-7212   홈페이지 www.hottix.org

스포츠

〈야구 MLB〉

시카고 컵스 | Chicago Cubs_리글리 필드 Wrigley Field
주소 1060 W. Addison St.
홈페이지 http://chicago.cubs.mlb.com

시카고 화이트삭스 | Chicago White Sox_코미스키 파크 Comiskey Park
주소 333 W. 35th St.
홈페이지 http://chicago.whitesox.mlb.com

〈미식축구 NFL〉

시카고 베어스 | Chicago Bears_솔저 필드 Soilder Field
　　주소 425 E. McFetridge Dr.
　　홈페이지 www.chicagobears.com

〈농구 NBA〉

시카고 불스 | Chicago Bulls_유나이티드 센터 United Center
　　주소 1901 W. Madison St.
　　홈페이지 www.nba.com/bulls

〈아이스하키 NHL〉

시카고 블랙호크스 | Chicago Blackhawks_유나이티드 센터 United Center
　　주소 1901 W. Madison St.
　　홈페이지 www.chicagoblackhawks.com

시카고 재즈와 블루스

시카고를 이야기할 때 절대 빼놓을 수 없는 밤문화 중의 하나로 재즈와 블루스를 들 수 있다. 호텔의 라운지나 나이트클럽에서의 연주나 쇼를 즐길 수도 있고, 고층건물의 스카이라운지에서 수평으로 끝없이 펼쳐지는 도시의 야경을 즐기며 간단한 음료와 더불어 로맨틱한 분위기에 젖을 수도 있고, 젊은이들이 즐겨찾는 러시 스트리트Rush St.의 펍pub이나 와인바·엑스캘리버Excalibur·부틱Boutique·그린밀Green Mill 등과 같은 도심 속 나이트클럽에서의 낭만 또한 잊지 못할 추억을 만들 수 있겠으나, 역시 시카고 밤의 제맛은 재즈 전용클럽에서 펼쳐지는 재즈 앤 블루스의 리듬에 따라 장단을 맞춰보는 것이라 할 수 있다.

블루 시카고 | Blue Chicago
　　주소 736 N. Clark St.(at Superior) 전화 (312)642-6261
　　오픈 월-금요일 20:00-02:00, 토요일 20:00-03:00, 일요일 휴업

블루 시카고 | Blue Chicago on Clark

주소 536 N. Clark St.(at Ohio)　　전화 (312)661-0100

오픈 화-금·일요일 20:00-02:00, 토요일 20:00-03:00, 월요일 휴업

홈페이지 www.bluechicago.com

Cover Charge 일-목요일 $8, 금·토요일 $10(한 번의 입장료로 두 장소 입장
　　　가능)

블루스 | B.L.U.E.S.

주소 2519 N. Halsted St.

오픈 일-금요일 20:00-02:00, 토요일 20:00-03:00(연주 21:30부터 시작)

홈페이지 www.chicagobluesbar.com

앤디스 재즈 클럽 | Andy's Jazz Club

주소 11 E. Hubbard St.　　　　전화 (312)642-6805

오픈 월-금요일 15:00-01:30, 토요일 15:00-02:00, 일요일 10:00-00:30

홈페이지 www.andysjazzclub.com

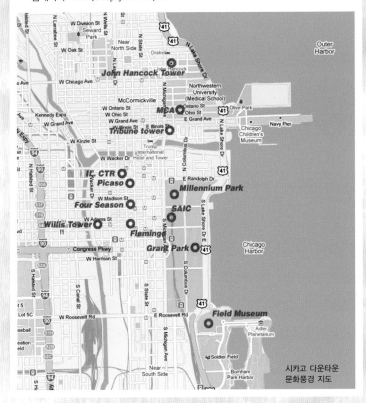

시카고 다운타운
문화풍경 지도

02 정체성 있는 문화권역

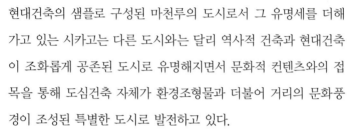

현대건축의 샘플로 구성된 마천루의 도시로서 그 유명세를 더해 가고 있는 시카고는 다른 도시와는 달리 역사적 건축과 현대건축 이 조화롭게 공존된 도시로 유명해지면서 문화적 컨텐츠와의 접 목을 통해 도심건축 자체가 환경조형물과 더불어 거리의 문화풍 경이 조성된 특별한 도시로 발전하고 있다.
시카고의 정체성 있는 문화지역 사례는 다음과 같다.

그랜트 파크 뮤지엄 캠퍼스
Grant Park Museum Campus

도심에서 가장 가까운 미시간 호숫가에 면한 그랜트 파크는 본 래 늪지대 황무지였으나 베르사이유 궁전을 모델로 공원으로 변 모시킨 곳이다. 그랜트 파크에는 시카고미술대학 부설 Art In-stitute of Chicago · Field Museum of Natural History · Shedd Aquarium · Adler Planetarium 등이 운집한 뮤지엄 캠퍼스를 이룬 곳이다. 그 밖에도 이 지역에는 세계에서 가장 큰 버킹햄 Buckingham 분수를 비롯해서 솔저 필드Soldier Field 경기장, 맥코 믹McCormick 국제전시장 등이 포함되며, 지난 2004년 7월에 개장 된 시카고의 랜드마크인 밀레니엄 파크까지 더해 시카고의 문화 지역을 이룬 곳이다.
또한 이 공원에서는 시카고 시민들을 위한 먹거리 행사와 같은 대 중적 행사도 전개된다.

1. 밀레니엄 파크 전경
2. 밀레니엄 파크 배치도
3. 클라우드 게이트

밀레니엄 파크

Millennium Park, 1999-2004

밀레니엄을 맞아 많은 도시들이 새로운 문화시설이나 환경조형물을 설치해 21세기를 준비하였다. 시카고의 경우, 그랜트 파크 일부에 밀레니엄 파크를 조성하여 시카고의 새로운 문화권역을 더하고 있다. 이 공원에 포함된 시설은 ① 진입용 다리 ② 야외극장인 프리츠커 파빌리온 ③ 정원인 루리 가든 ④ 실내극장인 해리스 극장 ⑤ 거대한 조각인 클라우드 게이트 ⑥ 스케이트 링크 ⑦ 분수조각인 크라운 분수 등이 조합되어 도시의 활성화를 꾀하고 있다.

디어본 거리
Dearborn Street

시카고의 중심부 남북으로 전개된 디어본 거리는 본래 시카고가 1803년 디어본이란 요새를 구축한 명칭을 따른 거리다. 이 거리는 대중교통 수단인 버스 이외에는 차량의 통행이 금지된 보행자 도로이며, 관청과 은행건물들이 운집한 중심지다.

또한 이 거리에는 연속적으로 이루어진 공공부분의 조각들이 줄지어져 CBD 내의 고층건물 사이에 일련의 도시 조각공원을 형성하고 있다. 즉, 페더럴 센터Federal Center 광장의 〈플라밍고A. 칼더 작품, 1974〉, 퍼스트 내셔널 뱅크First National Bank 광장의 〈포시즌M. 샤갈 작품, 1974〉, 데일리 센터Daley Center 광장의 〈피카소의 시카고Picasso 작품, 1967〉와 〈미로의 시카고미로 작품, 1967〉 그리고 일리노이 센터State of Illinois Center 앞 광장의 〈서 있는 동물 조각 Monument with Standing Beast, 장 뒤뷔페 작품, 1985〉 등이 연속적인 가로의 조각정원을 이루고 있다. 이러한 특별한 가로를 형성하게 된 동기는 미국연방정부 관련 건축에 미술작품을 설치하는 정책이 실시된 1963년에는 건축비의 0.5% 제도 덕분이다. 따라서 민간차원에서도 공공부문에 대한 예술품 설치가 자연스럽게 이루어진 것이다.

버킹햄 분수
Buckingham Fountain

그랜트 공원 내 컬럼버스 드라이브와 콩그레스 파크웨이 사이에 위치한 시카고 랜드마크로서 베르사유 궁전에 있는 라토나 분수

1. 보행 전용도로인 디어본 거리
2. 도심을 배경으로 물을 뿜어내는 버킹햄 분수

를 모델로 프랑스 조각가 자크 람베르트Jacques Lambert에 의해 디자인되었다. 이 분수는 케이트 버킹햄Kate Buckingham이 그녀의 남매인 클라렌스 버킹햄Clarence Buckingham을 추모하기 위해 1927년 시에 기증되었다. 이 분수는 약 5,700,000ℓ 의 물을 수용하며, 가운데 분수는 높이 46m까지 분사 가능하다.

03 볼만한 환경조형물

도시환경과 가로경관을 풍요롭게 해주는 거리의 환경조형물은 매우 중요한 역할을 한다. 시카고 중심부 디어본 거리는 공공조각들이 연속성을 가지고 조성되어 있어서 다른 어느 도시에서도 볼수 없는 문화풍경을 느끼게 한다.

이러한 도심환경의 조성은 정부청사에 공공미술품을 공사비의 0.5% 이상 의무적으로 설치해야 하는 'Art in Architecture' 시책에 충실한데서 시작되었고, 따라서 일반 대형건축들도 이 취지에 맞추게 되었기 때문이다.

플라밍고
Flamingo, 1974

시카고 도심 디어본 거리의 연속된 광장조각 중 남쪽에서 첫번째 맞이하는 칼더의 대표작이다. 정부청사의 하나인 페더럴 센터 광장을 돋보이게 한 이 작품은 미국정부의 'Art in Architecture' 프로그램에 의해 조성된 작품이다. 도심 미스Mies의 고층건물로 둘러싸인 광장에 목이 긴 홍학을 상징한 주홍색조朱紅色調: 칼더 고유의 붉은 색와 주변의 어두운 건물과 강한 대비를 이루고 있다.

● **플라밍고**
　작가　알렉산더 칼더(Alexander Calder, 미국, 1898-1976)
　위치　페더럴 센터, 시카고
　높이　약 15.9m
　재료　3/4인치 두께 철판
　색상　Vermilion(주홍색: Calder Red)

1. 원경
2. 전경
3. 위치도

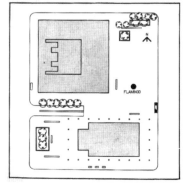

이 작품은 단순히 놓아두고 바라보는 조각이 아니고 사람이 쉽게 접근하여 만져 볼 수 있다는 특징 때문에 작품과 관객이 일체된 친근감을 느끼고, 흔히 겨울의 대도시 도심이 어둡고 차가운데 비해 이곳은 온화하며, 벽이 없는 가로 뮤지엄이 형성되어 통행인이나 관광객에게 즐거움을 주는 휴식처 역할을 한다.

작품은 접근도로에 따라 잘 보이는 곳에 위치시켰고, 3/4인치 두께의 철판에 리브Rib와 덧붙임 판으로 마치 중량이 없는 듯 지면에 몇 개의 점으로 접하고 있다.

이와 같은 조각의 공간적 취급은 대단위 플라자 공간의 스케일에서 가장 적절한 수단이 되었다. 또한 경직된 도시건축과 주변의 고층건축으로 인한 어두운 그림자 속의 환경에서 채도가 높은 색상의 선택은 매우 바람직한 결과인 점을 보장하고 있다.

포시즌/4계절
The Four Seasons, 1974

시카고 도심 디어본 거리의 퍼스트 내셔널 뱅크에 위치한 거대한 육면체의 모자이크 벽화는 시카고의 벽돌과 세계 도처에서 수집한 손으로 깬 돌과 유리로 색조를 이룬 것이다. 3′×5′짜리 패널에 250종의 부드러운 색조를 사용하여 4면에는 시카고의 4계절을 환상적으로 묘사함으로써 시카고의 삶을 표현한 것이다.

도심 빌딩 숲에 위치한 이러한 광장은 여러 곳에서 볼 수 있겠으나 이곳의 경우는 가로에서 선큰sunken된 플라자로 도시민의 접근은 물론 부담 없는 휴식처가 제공되며, 특히 점심시간에는 주변의 직장인들이 점심을 먹으며 분수와 예술을 감상할 수 있는 명소가 되었다. 또한 이 작품을 배경으로 '거리의 악사'들이 연주라도 할 때는 이 조각 벽은 무대의 배경이 되기도 한다.

디어본 거리의 남쪽 블록에는 철조의 거대한 〈플라밍고〉가 있고, 이보다 북쪽에는 〈피카소의 시카고〉 작품이 연속적으로 도열된 중의 하나다.

샤갈은 시카고 시민들에게 이 포시즌의 디자인을 기증하였고, 설치비는 'Art in the Center'라는 비영리 단체가 부담하였다.

● 포시즌
  작가 마르크 샤갈(Marc Chagall, 러, 1887–1985)
  위치 First Nat'l Plaza, Chicago
  크기 높이 약 5.2m, 폭 21m, 깊이 3m(세로)

1. 포시즌 전경
2. 부분 디테일
3. 포시즌 위치도

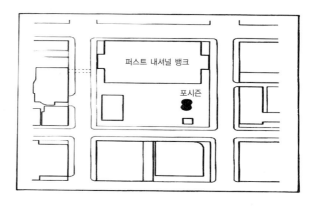

피카소의 시카고, 여인의 두상

Chicago Picasso, Head of Woman, 1967

시카고 시청과 시민센터로 이루는 데일리 광장에 놓인 〈피카소의 시카고〉라는 이 작품은 피카소의 모형을 받아 확대 제작한 것으로 광장을 지나는 사람들에 따라 여러 가지 생각을 하게 하는 작품이다. 본래는 'Head of Woman'이라는 주제로 여인의 두상을 추상화한 작품이지만 두 개의 날개가 달린 '나비'의 모습이기도 하고, 힘찬 독수리의 비약을 느끼게도 하며, 고상한 '수녀'의 모습과도 같아서, 보는 이마다 달리 해석되는 작품이다.

두꺼운 Cor-Ten 철판으로 만든 이 작품은 SOM이 설계한 시빅 센터Civic Center가 완공할 즈음 SOM의 파트너인 하트만W. Hart-mann이 피카소를 여러 번 찾아가 42인치 크기의 모형을 기증받고, 시장을 설득하여 유지들의 후원금으로 확대 설치하게 된 것이다.

배경이 되는 시빅 센터는 유사한 질감과 색조를 이루며, 광장 주변에는 〈한국과 월남참전기념 횃불〉과 광장 평면상에 분수 연못이 있고, 길 건너에는 〈미로의 시카고〉가 광장에 면하고 있어서 이곳 역시 도심가로의 열린 조각정원을 이루고 있다.

● **피카소의 시카고**
　　작가 파블로 피카소(Pablo Picasso, 스페인, 1881-1973)
　　위치 Richard J. Daley Plaza, Chicago
　　높이 약 45m
　　재료 162톤 무게의 철판
　　색상 검은 고동색

 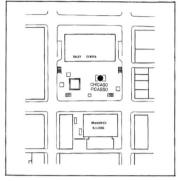

1. 주변전경
2. 피카소의 시카고 위치도
3. 여인의 두상 부분 상세

미로의 시카고, 매직 월드
Miro's Chicago, Magic World, 1967

이 작품은 1967년에 디자인되었으나 1979년 미로가 시카고 시에 기증한 모형을 12m 높이로 확대하여 그의 88회 생일인 1981년에 제작된 것이다.

양팔을 벌린 가는 허리와 머리를 단순화시키고 추억에 잠긴 여인상의 토르소를 강철과 보강시멘트로 제작하고 그 위에 세라믹 도장을 한 것이다. 마치 파티에 참석하려는 여인의 긴 드레스에 둥글게 판 구멍이 이색적이다. 이 형태는 1950년대 미로의 여인상에서 흔히 볼 수 있는 '잔을 엎어놓은 모양'이기도 하다.

이 작품은 고층빌딩 사이에서 조각의 위치를 강조하여, 궁극적으로 조각으로 빈 여백을 채운 형식이 되나 주변의 압도적 스케일에 비해 충분히 대응되고 있는 듯하다. 그것은 이 작품이 가지고 있는 상대적 스케일 또는 그 자신의 표현이 강렬하기 때문이다.

이 작품 앞쪽에는 데일리 플라자로 거대한 〈피카소의 시카고〉와 〈한국과 월남 참전기념 횃불〉 그리고 광장과 평면상의 분수연못이 함께 야외 조각정원을 이루고 있는 곳이다.

가로의 쌈지공원pocket park을 이루는 곳에 위치한 이 작품을 위해 건물 측벽을 pointed arch로 스크래치한 벽 조각이 의미를 더해주고 있는 듯하다.

● 미로의 시카고, 매직 월드
　　작가　호안 미로(Joan Miro, 스페인, 1893-1983)
　　위치　Brunswick Building Plaza, Chicago
　　높이　12m
　　재료　강철과 보강시멘트 위 세라믹 도장

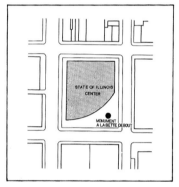

1 │ 2
　　│ 3

1. 미로의 시카고, 매직 월드
2. Monument with Standing Beast 전경
3. Monument with Standing Beast 위치도

본래 〈미로의 시카고〉는 바르셀로나의 미로 뮤지엄 뒷뜰에 동일한 크기의 작품이 설치되어 있다.

서 있는 동물 조각

Monument with Standing Beast, outside of Thompson Center, 1985

디어본 거리에서 서측으로 한 블록 벗어난 일리노이 주청사 앞 광장도 데일리 플라자와 대각선으로 연결되어 연속적인 거리의 열

● 서 있는 동물 조각
작가　장 뒤뷔페(Jean Dubuffet, 프랑스, 1901-85)
위치　State of Illinois Center Plaza, Chicago
높이　약 6m, 재료　FRP, 색상　백색바탕에 검정 줄무늬

린 뮤지엄의 역할을 하고 있다.

1985년에 준공된 일리노이 주청사 앞에 작가 뒤뷔페가 작품을 가름하고 뜻있는 유지들에 의해 설치되었다. 그의 작품은 매우 강한 독자적 예술세계를 가지고 있어서 누가 보아도 그의 것임을 쉽게 알 수 있듯이, 이 작품의 경우도 백색 유리섬유에 검은 테두리를 두른 특유의 추상적 형태와 색조를 나타내고 있다. 그는 일찍이 인간의 본성에 관심을 두고 도시생활의 혼합적인 이미지를 표현하는 작품 스타일을 개발하였다. 따라서 이 작품도 인간성을 잘 표현한 작품이라고 보여지며, 규칙적인 도로와 빌딩 숲속에서 꽃피운 듯 신선함을 느낀다.

작품의 위치는 건축과 건축 사이·실내와 외부 공간의 과정·보행자의 유동流動 속에서 접촉할 수 있게 된다.

배트칼럼

Batcolumn, 1977

작가 올덴버그는 평범한 일상용품에서 그의 아이디어를 얻어 확대, 표현하는 작가로 유명하다. 또한 인체 크기에 맞는 소재를 주변 환경이나 건축적인 비율에 따라 확대함으로써 강력한 느낌을 주게 한다.

● 배트칼럼
  작가 클래스 올덴버그(Claes Oldenburg, 스웨덴, 1929-)
  위치 Plaza, Social Securty Administration Building, Chicago
  높이 33m
  색상 은회색

1 2

1. 〈배트칼럼〉 전경
2. 주변 건물과 조화를 이루는 〈배트칼럼〉

이 작품의 경우도 건축적 자부심과 직결되는 시카고 시민들이 좋아하는 야구를 상징하는 방망이를 주변 환경과 조화될 수 있도록 개방된 기둥형태로 표현한 것이다. 33m 높이의 입상그물 조각은 20톤의 무게로 주변 건물과 조화를 이루면서도 독립성을 갖기 위해 은회색을 칠했다.

이 작품 역시 미국정부의 'Art in Architecture' 프로그램에 의한 정부청사 건축에 세워진 것이다.

유니버스
Universe, 1974

〈유니버스〉는 여러 가지 요소로 구성되었는데, 척추를 상징하는
가시모양의 돌기Spine는 작은 깃발처럼 빨강·노랑·파랑과 검정색
이고, 세 개의 꽃들은 빨강·노랑·검정색이다. 나선형 장식Helix은
검정색이고, 시계추 모양Pendulum도 검정이며, 태양을 상징하는
The Sun은 빨강·오렌지 그리고 검정색들이 각기 움직이고 있다.
전체 구성의 범위는 55′×33′이다
이 작품의 작동은 칼더 자신이 1974년 10월 25일 시작하였으며,
윌리스 타워구 시어스 타워 1층 로비에 위치한다.

천지(天地)
미국독립 200주년 기념 분수조각, 1976

시카고 아트 인스티튜트The School of Art Institute of Chicago 동측편
그랜트 파크와 미시간 호수를 바라보는 위치에 수직과 수평 두 개
로 구성되어 있다. 두 개의 의미는 각기 100년씩 200주년을 상징
하며, 수직은 하늘을 상징하고 수평은 땅을 상징한다. 그래서 '天

유니버스
작가 알렉산더 칼더
위치 Sears Tower Lobby, Chicago
중량 16,174 Pounds ton

천지
작가 이사무 노구치
위치 East Facade of the Art Institute of Chicago
재료 화강석 탑과 스테인리스 스틸

地'라는 동양사상이 내포된 제목으로도 이해할 수 있겠다.

하늘을 상징하는 수직의 V자형 석탑은 가운데로 물이 흐르고, 12m 길이의 원형 수평분수는 스테인리스 스틸로 '땅'을 의미하며 역시 물을 흘렸다.

노구치의 작품경향은 일관된 재료나 자기 색채만을 쓰는 다른 작가와 달리 장소나 주제에 따라 그 소재와 컬러를 달리하고 있다. 이 작품과 같이 두 가지 재료와 형상을 달리 표현한 것은 드문 작품이기도 하다.

구름 문

Cloud Gate, Bean in Millennium Park, 2004

〈구름 문〉은 인도 태생 영국작가 애니쉬 카푸어의 의도처럼 시카고의 스카이라인 그대로 담겨 있는 그의 첫 공공조각품이다. 높이 10m・길이 20m・폭 12m・무게 125톤에 달하는 스테인리스 스틸로 사방이 거울처럼 비치는 땅콩 모양의 이 조각품은 밀레니엄 파크의 어떠한 건축물과 조형물보다도 더 많은 의미 그리고 랜드마크적 역할을 하고 있음에 틀림이 없다. 방문한 사람이 시카고의 스카이라인과 어우러져 반사되는 작품 위에 함께 담기는 이 모습은 많은 사람들에게 감동을 준다. 시카고 시민들은 이 작품을 '땅콩the Bean'이라는 애칭으로 부르기도 한다.

그 후 이 작가의 작품이 뉴욕 맨해튼의 록펠러 센터 앞에서 〈하늘 거울Sky Mirror〉이라는 이름의 작품을 2006년 9월부터 10월까지 전시한 일이 있는 '살아있는 최고의 조각가'다.

크라운 분수

Crown Fountain in Millennium Park, 2004

마주보고 있는 두 타워형 설치물로 1,000명의 시카고 시민의 얼굴이 담긴 이 분수는 얼굴을 웃었다 찡그리고 입을 모으는 등 장면이 여러 인물로 바뀌면서 물을 뿜어낸다. LED 디스플레이 스

구름 문
작가 애니쉬 카푸어(Anish Kapoor, 영국)
위치 Millennium Park in Grant Park
재료 Stainless steel
정보 http://www.millenniumpark.org/artandarchitecture/cloud_gate.html

크린과 LED 조명 설비를 사용하여 표현한 아이디어는 시민들에게 휴식과 즐거움을 안기고 있다.

● **크라운 분수**
작가 하우메 플렌사(Jaume Plensa)
위치 Millennium Park in Grant Park
높이 약 15m, 2개의 타워
길이(연못) 약 70m
Krueck+Sexton, Crystal Fountains 공동
정보 http://blog.paran.com/ubad11/19980536

볼만한 뮤지엄

시카고의 뮤지엄은 만국박람회장으로 사용되었던 기존 건축들을 뮤지엄으로 전용한 데서 시작되었고, 시카고 아트 인스티튜트 부설 뮤지엄이 시카고를 대표해 오다가 본연의 뮤지엄이 최근에 신축된 보수적인 도시다.

시카고 아트 인스티튜트/모던 윙

Art Institute of Chicago, 1893 / Modern Wing, 2009 증축

1863년에 설립된 시카고 아트 인스티튜트는 뮤지엄을 설립하기 위해 개인 소장품을 기증한 시민과 예술품 수집가들에 의해 1879년에 설립되어 시작되었다. 최초의 건축인 알레턴 빌딩Allerton Building은 세계 컬럼비아 박람회를 위한 보조공간으로 사용한 후 뮤지엄으로서 1893년 12월에 오픈했으며, 최초의 시카고 경향의 건축이 되었다. 시카고 아트 인스티튜트는 미국에서 단일 미술대학 7개 중에 하나로 유명하고, 부설 뮤지엄은 예술교육에 공헌하며, 시카고를 대표하는 뮤지엄으로 빼놓을 수 없는 시설이다.

대학 뮤지엄이지만 일반 뮤지엄 못지 않게 그 소장품이 대단한 수준이다. 특히 인상파와 후기인상파 화가들의 작품들이 유명하며, 미국과 유럽의 장식예술품·그림·조각·판화 및 데생 그리고

건축가 Shepley, Rutan & Coolidge, and Others
모던 윙 설계 렌조 피아노(Renzo Piano, 이탈리아, 1937-)
위치 Ill S. Michigan Ave. at Adam St. Chicago, IL 60603
전화 312-443-3600
오픈 월-금 10:30-17:00, 목 10:30-20:00, 토·일 10:00-17:00

1. 구관 입구
2. 구관 전시실 내부
3. 1. 신관인 〈모던 윙〉 전경

고대 극동지역·아프리카·고대 아메리카 대륙의 예술품도 보유하고 있을 정도다.

이 뮤지엄의 교육 프로그램은 노년층을 대상으로한 '엘더 호스텔 Elder Hostel'이 특성이다.

실내는 작은 로비를 통하여 커다란 중앙계단 홀에 이르게 되며, 풍부하고 자연스러운 자연광을 도입하고 있다. 특히 Mckinlock 코트는 여름에 옥외에서 점심이 제공되는 즐거운 오아시스다. 미술대학을 포함한 이스트 윙East Wing이 SOM에 의해 새롭게 증축되었으며, 옥외에는 설리번Sullivan이 설계한 증권거래소의 입구 아치가 세워져 있으며, 미국독립 200주년을 기념한 이사무 노구치의 조각분수 작품이 뒤편에 위치한다.

2009년에 개관된 신관 모던 윙은 렌조 피아노에 의해 설계되었으며, 부족한 전시영역과 새로운 기능을 만족시키고 있다. 그리고 고전주의적 이상을 실천한 건축조형으로 구조적 프레임이 1893년에 설계된 기존 건축과 조화를 이룬다. 미시간 거리에서 진입되는 기존 뮤지엄과의 내부 연결은 물론 먼로 거리Monroe Street에서 지상 또는 니콜스 브릿지웨이Nichols Bridgeway를 통해 진출입이 이루어지는 긴 아트리움Griffin Court이 3층까지 오픈되고, 안마당Pritzker Garden 주위에 새로운 교육영역·편의시설·특별전시공간 등이 1층 진입부에 구성되어 뮤지엄이 도시생활과 밀접한 관계를 갖게 한다.

천창을 통해 유입되는 자연광이 충만하고 남북 동선축을 형성하는 그리핀 코트Griffin Court는 모던 윙의 대공간이자 새로운 건물의 중심이라 할 수 있으며, 피아노는 'main street'이라 명명하기도 하였다.

2층과 3층 대부분은 대규모 전시공간과 회의실 그리고 식당과 옥외 조각정원으로 구성되어 있다. 특히 2·3층 전시공간은 전면벽을 유리로 처리하여 밀레니엄 파크쪽의 전망을 개방시켜 아름다운 도시풍경을 배경으로 전시하고 있으며, 3층 천장 전체가 은밀한 자연광을 받아 빛을 여과한 부드러운 전시 분위기를 조성하고 있다. 모던 윙의 대부분 전시내용은 20-21세기 현대예술품 중심으로 구성되어 있으며, 약 315㎡의 옥외 조각공원인 브르흠 패밀리 테라스The Bluhm Family Terrace는 밀레니엄 파크와 주변의 건축군을 관람할 수 있는 시각적 여유를 제공한다.

이외에도 160석 규모의 렌조 피아노 레스토랑과 셀프 서비스의

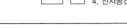

1. 프리츠커 파빌리온과 축을 보여주는 배치도
2. 평면도
3. 진입홀
4. 전시공간

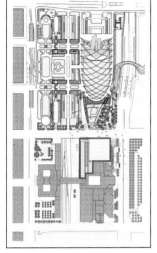

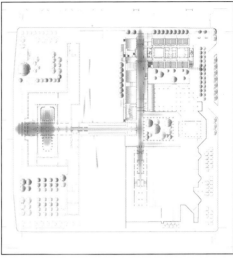

캐주얼한 가든 카페, 커피를 즐길 수 있는 발코니 카페뿐만 아니라 모던 윙 샵·키즈 샵 등 다양한 기념품을 구입할 수 있는 뮤지엄샵이 있다.

필드 뮤지엄

Field Museum of Natural History, 1912-21, 1978년 개축

1893년 시카고 세계박람회가 열렸을 때 참석했던 많은 후원자들이 박람회를 위해 모여진 컬렉션을 행사가 끝난 후에도 영구 보존될 수 있는 시설을 논의하게 되었다. 당시 시카고의 재벌인 Marshall Field가 백만 불을 기증함으로써 박람회장에 있던 소장품을 1920년까지 확보할 수 있게 되었으며, 그가 다시 8백만 불을 기증함으로써 1915년부터 1921년까지 필드 뮤지엄을 건립하게 된 것이다.

시카고의 그랜트 파크에 위치하고 미시간 호수의 경관이 연속된 곳에 위치하며, 도심으로부터 접근성이 좋은 위치로 주변의 수족관·우주관·시카고 아트 인스티튜트 부설 뮤지엄과 더불어 뮤지엄 캠퍼스를 이룬다. 건축적으로는 고전양식의 단순한 형식이나, 남북 중앙에 출입구를 중심으로 대칭이 강조된 신고전주의의 웅장한 외관을 가진다.

전시내용은 고대 이집트 코너에 실제 미라가 전시되었고, 공룡관이나 아메리카 문명전시관과 아프리카관 등 볼거리가 많다.

● **필드 뮤지엄**
  건축가 해리 위즈(Harry Weese)
  위치 1400 S.Lake Shore Dr. Chicago, Il 60605-2496
  전화 312-922-9410
  오픈 09:00-17:00

시카고 컨템퍼러리 뮤지엄
  건축가 조셉 폴 클라이후스(Josef Paul Kleihues, 독일, 1933-)
  위치 220 East of Chicago Ave. Chicago, IL
  전화 312-280-2660
  오픈 수-일 10:00-17:00, 화 10:00-20:00

1 2
3

1. 필드 뮤지엄 고전풍의 전경
2. 상징적 메이저 스페이스인 Stanley Hall
3. 시카고 컨템퍼러리 뮤지엄 전경

시카고 컨템퍼러리 뮤지엄

Museum of Contemporary Art Chicago, 1993

시카고의 미술 컬렉션은 가축과 제관업으로 거부가 된 파머Par-
mer 일가와 라이어슨Ryerson 일가 등이 유럽의 미술품에 눈을 뜨
게 된 데서 시작되어 그들의 컬렉션이 시카고 아트 인스티튜트에
기증되었다.

그 후 1960년 샤피로Joseph Randall Shapiro를 주축으로 한 수집가들이 모여 새로운 뮤지엄 건립을 계획하기 시작하여 7년간의 논의 끝에 이 뮤지엄이 발족되어 온타리오Ontario 거리에 자리했다가 또 다시 1984년 네 번째로 옮기기로 계획되고 모금운동을 벌여 새로운 전시공간과 교육 프로그램을 실현하게 된 것이다.

새 뮤지엄 건립은 국제설계공모에 의해 베를린Berlin 건축가인 클라이후스Kleihues의 안이 채택된 것이다.

본래 이 대지는 일리노이주 예비군 기지창으로 시카고의 번화가인 미시간 거리 쇼핑가와 근접하고 후면은 시립공원과 미시간 호수가 인접된 곳이다.

직사각형 대지67m×126m에 정방형 건축56m×56m을 정면에 위치시키고 후면에는 조각정원을 겸한 휴식공간으로 구성되어 있다. 건축가는 시적 합리주의Poetic Rationalism의 창시자로 쉰켈Schinkel과 미스Mies의 영향을 받아 고전주의적 건축배치 기법을 이 뮤지엄 설계에 적용한 듯하다.

전체 뮤지엄의 볼륨이 큐빅인 것처럼 내부 공간들도 큐빅이고, 전시공간도 좌우대칭으로 배치된 고전적 구성이 특징이다. 또한 공간의 주요 구성요소도 단순성·개방감·정적이고 투명성과 포용성의 대조다. 그러나 전시공간들은 볼트Vault형 투명천장을 취하고 있어서 경직된 공간이 아닌 부드럽게 꾸며져 있다. 이로서 시카고에는 현대적 뮤지엄이 처음으로 등장하게 된 것이다.

1. 시카고 컨템퍼러리 뮤지엄 대공간
2. 시카고 컨템퍼러리 뮤지엄 전시공간
3. 시카고 컨템퍼러리 뮤지엄 평면도
4. 시카고 컨템퍼러리 뮤지엄 후정 조각정원

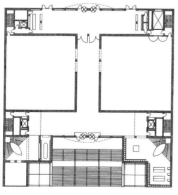

사이언스 앤 인더스트리 뮤지엄

Museum of Science & Industry, 1892

이 뮤지엄의 시초는 2개의 대규모 세계박람회의 시카고 개최와 사업가인 Julius Rosenwald의 구상의 결과다.

즉, 그는 미국 최초의 산업발전과 대중의 과학교육을 위한 센터를 설립할 목적으로 시카고의 사업가들의 지원을 받아 1893년 세계박람회 때 'Palace of Fine Art'로 사용된 건물을 뮤지엄으로 개조한데서 시작되었다. 1933년 개최된 '진보의 세기'라는 주제의 박람회와 연계하여 개관되었다.

현재 연간 방문객은 4백만 명 이상으로 세계적으로 유명한 과학산업 뮤지엄이 되었으며, 관람자가 즐기면서 학습할 수 있는 장소가 되었다. 인공적인 전시뿐 아니라 어린이 뮤지엄·동물원 및 자연 뮤지엄 등 실물전시를 통하여 관람자의 교감을 시도하고 있다.

전시특성은 21세기 교육철학·실험학습·세계에 대한 새로운 시각·문화의 다양성 등을 알기 쉽게 설명을 덧붙여 전시하고 있다.

사이언스 앤 인더스트리 뮤지엄

건축가 Charles B. Atwood of D. H. Burnham & Co.
위치 57th St. & Lake Shore Dr., Chicago, IL. 60637-2093
전화 773-684-1414
대지면적 63,544m²
연면적 72,834m² (22,025평)
규모 지상 3층, 지하 1층
개관시간 여름-09:30-17:30 / 겨울-09:30-16:00
　　　　단, 토·일·공휴일은 17:30까지

1. 사이언스 앤 인더스트리의 전형적인 근대 뮤지엄 외관
2. 전시공간

주변지역 문화명소

시카고 주변에는 세계적 건축거장인 프랭크 로이드 라이트의 작품이 산재해 있으나 모두 방문하기는 어려울 것이다. 그러나 한 시간 거리에 있는 오크 파크나 위스컨신 지역 정도는 꼭 방문하길 권한다. 그리고 도시의 정체성을 가진 건축전시장이라 할 인디애나 주의 컬럼버스 시는 건축적으로나 도시활성화 차원에서 큰 교훈을 얻을 것이 확신되기에 소개하는 것이니 이방면의 전공자나 여행자들은 가급적 방문하길 바란다.

로비 하우스

Chicago의 Robie House, 1906-09

라이트의 프레리 하우스Prairie House 중 가장 유명한 대표작으로, 자연에 순응하는 스타일로 완만한 경사지붕에 깊은 채양과 횡선이 강조되고 있다. 이 저택은 명문 시카고 대학이 관리하고 있는 역사적 보존건축이다.

로비 하우스가 그토록 훌륭하게 지어진 이유 중 하나는 건축주가 원하는 바를 명백히 설계에 반영했다는 점이다. 즉, 2층의 거실과 식당이 벽난로를 사이에 두고 양분되었을 뿐 유기적으로 개방되고, 외부로 통하는 창문도 바닥까지 내려 내외부가 서로 통할 수 있게 했다. 그리고 창은 커텐을 설치하지 않아도 될 수 있게 라이트 자신이 디자인한 고유 문양을 넣었으며, 모든 가구와 집기도 이 저택만을 위한 것으로 디자인되었다.

1. 라이트 부부   2. 로비 하우스   3. 로비 하우스 거실
4. 바닥까지 내려진 거실창의 문양
5. 식탁 의자

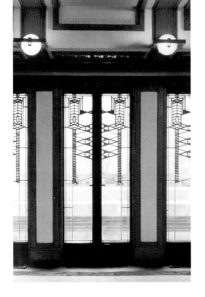

오크 파크

Oak Park, IL 지역

오크 파크는 시카고에서 서측으로 승용차로 45분 정도 거리에 위치한 중류계층의 한적한 주택가로 라이트의 역사적 지역으로 지정된 곳이다. 그리고 라이트가 1898년부터 1908년까지 살면서 자신의 집 겸 스튜디오를 비롯한 많은 작품들이 모여 있는 곳이다. 라이트는 1887년 본격적인 건축입문을 위해, 메디슨을 떠나 대도시인 시카고로 옮겨 실스비Lyman Silsbee 사무실을 거쳐 그가 평생의 스승이라고 생각하는 당시 시카고 학파의 거장 루이스 설리번 Louis H. Sullivan, 1856–1924으로부터 주거건축의 새로운 시작과 이후 전개된 프레리 하우스의 시발에 영향을 받았다.

그 최초의 걸작품이 리버 호레스트River Forest의 윈슬로 하우스 Winslow House, 1893–94로 주거건축의 새로운 시작인 동시에 이후 전개된 Prairie House의 시발이 되었다.

오크 파크에는 수많은 저택들Frank Thomas House(1901), Willian Ricke House(1901), Arthur Heurtley House(1902), William E. Martin House(1902), Edwin H. Cheney House(1903) 등이 라이트의 손으로 설계되었으며, 일반건축으로는 유니티 교회Unity Temple, 1904–07가 있는데 이는 유럽 건축가와 예술인들까지 매료시켰다.

1900년부터 1911년 사이에 라이트가 설계한 많은 주택작품을 중서부의 프레리 하우스라고 부른다. 이는 시카고와 그 교외에 있

● **정보자료**

□ 라이트의 홈 스튜디오와 Unity Temple은 유료로 관람 가능
워킹 투어 Visitors Center(전화: 708-848-1500)에서 시작

1. 라이트 자신의 홈 앤 스튜디오

2. Winslow house
3. Frank Thomas House
4. Arthur Heurtley House
5. Unitiy Temple

는 중서부 초원에 가장 적절한 주택을 의미한다. 그가 의도한 프레리 하우스는 '완만한 경사지붕·수평의 강조·중앙의 굴뚝과 깊은 처마지붕·낮은 테라스의 헛 벽' 등을 사용한 것을 의미한다. 그리고 그는 '본능적으로 순박한 중서부 초원을 매우 좋아하고, 나무·꽃·하늘·대조적인 스릴 등을 무척 좋아한다'고 자서전에 기록하고 있다.

위스컨신 지역

밀워키 뮤지엄

Milwaukee Art Museum 신관, 2001

위스컨신 주 밀워키에 위치한 본관은 에로 샤리넨Eero Saarinen 설계로 1957년 개관되었고, 별관 증축설계는 세계적으로 역동적인 설계와 기술적 재능을 가진 산티아고 칼라트라바가 맡아 2001년에 재개관되었다.

신축된 새로운 뮤지엄은 기존과는 대비되는 조형으로, 특히 움직이는 조각으로 상상되는 파빌리언이 호수를 향해 웅비하려는 모습이 인상적이다.

● **밀워키 뮤지엄**
　건축가　산티아고 칼라트라바(Santiago Calatrava, 스페인, 1951-)
　위치　700 N. Art Museum Dr.,Milwaukee,WI 53202
　전화　414-224-3200, 262-827-0444
　오픈　매일 10:00-17:00, 목 12:00-21:00, 금 10:00-21:00, 일 12:00-17:00, 휴
　　관 월

1. Unitiy Temple 예배당 내부
2. 밀워키 뮤지엄 신관 전경
3. 내부 통로의 구조와 전시물

존슨 왁스 본사

Johnson Wax Building, Racine, WI, 1936-39

존슨 왁스사는 라이트에게 본사설계를 의뢰하였다. 당시 라이트
는 제2황금기를 만나 그의 대표작이라 할 〈낙수장〉과 같은 성숙
한 많은 작품을 설계하기 시작한 때이다.

본사 내부는 바닥으로부터 솟은 가늘고 긴 원형 콘크리트 기둥높
이 7.2m으로 구성되어 나무 숲속에서 사무 보는 모습이고, 이 나
팔꽃과도 같은 잎 사이로 자연광이 실내공간을 밝힌다. 이러한
특별한 건축은 완공되자마자 전 세계 잡지에 소개되었고, 수많은
방문객과 추종자들이 몰려왔다고 한다.

특히 별동의 연구동은 라이트가 자연에서 추구하고 '나무'에서
유추한 컨틸레버의 원리를 적용한 작품이다.

존슨 하우스의 윙스프레드

Wingspread/ Johnson House, Wind Point, WI, 1937

존슨 왁스 그룹의 존슨Herbert F. Johnson을 위한 저택으로 라이트
가 설계한 것이다. 이 저택은 바람개비와 같은 네 개의 날개가 각
기 다른 기능을 가지고 구분되며, 그 중심의 거실은 벽난로가 초
점을 이루고 있으며, 높은 천창으로부터 자연광이 유입된다. 현재
는 존슨 왁스 본사 중역들의 식당으로 활용되고 있다.

● **존슨 왁스 본사**
건축가 프랭크 로이드 라이트(Frank Lloyd Wright, 미국, 1867-1959)

존슨 하우스의 윙스프레드
건축가 프랭크 로이드 라이트 (Frank Lloyd Wright, 미국, 1867-1959)

1. 존슨 왁스 본사의 수직 연구동과 수평 사무동
2. 존슨 왁스 본사 진입부
3. 존슨 왁스 본사 내부 대공간
4. 존슨 하우스 전경   5. 존슨 하우스 거실

스프링 그린의 탤리에신

Taliesin, Spring Green, WI, 1911-25/ Teliesin West, Scottsdale, AZ, 1938-

라이트는 1909년 제1황금기인 시카고 시대를 정리하고 그의 가족을 오크 파크에 남겨둔채 위스컨신 주 스프링 그린 계곡으로 돌아와 탤리에신을 건설하게 된다. 그의 훌륭한 어머니는 아들의 은신처가 필요하다는 것을 알고, 조망이 좋고 나무가 우거진 계곡에 탤리에신을 건설할 것을 권유했다. 그 장소는 조상들이 미국으로 이주해 오기전 그들이 살았던 영국 웨일스Wales 지방과 유사하고, 외조부인 존Richard Lloyd John, 1779-1885이 개척한 Hillside Home School을 이어 받아 친환경적으로 재건하고 발전시킨 그들의 마음의 고향을 이룩한 곳으로, 그 자신의 새로운 삶을 이 언덕에서 다시 시작하였다.

이곳에서 제자들과 도제교육Apprenticeship과 공동체생활Taliesin Fellowship을 통해 설계하고 일하고 농사짓는 캠프를 만들게 되어 세계 각국의 젊은이들이 이곳을 찾기 시작하였다. 라이트는 새로운 삶과 일을 다시 시작하면서 시카고에 비즈니스를 위한 사무실을 열고, 큰 작업은 주로 탤리에신에서 처리했다. 그러나 두 번의 화재로 두 번째 부인과 두 자녀를 잃는 어려움을 겪어야 했고, 추운 겨울을 어렵게 넘겨야 했다. 어려운 시련을 극복하던 중 일본 동경제국호텔을 수주하게 되고, 애리조나 주 피닉스의 아리조나 빌트모어 호텔Arizona Biltmore Hotel, 1927-28 설계를 계기로 '탤리에신 웨스트Taliesin West' 겨울캠프를 건설하게 되었다. 따라서 여름

● **탤리에신**(Teliesin) 6세기 영광의 전설을 이야기하고 살았던 영국 웨일스 출신 시인의 이름이자 고대 웨일스어로 '빛나는 이마(Shining Brow)'라는 뜻을 가진 애칭이다.

1	2
3	4
5	

1. 탤리에신 전경   2. 설계 스튜디오
3. 자연친화적인 탤리에신 외부 공간   4. 주거 내부
5. 탤리에신과 탤리에신 웨스트 위치도

시즌은 애리조나에서 지내고, 겨울이 되면 따뜻한 애리조나 지방
으로 무리들이 옮겨 살게 되어 과거와 같이 춥게 지내지 않아도
되게 되었다. 이때 그의 나이 70세로 대부분 사람들이 일을 놓는
때에 라이트는 제2황금기를 맞아 도제교육을 통해 제자들을 키
워냈고, 92세까지 많은 작품을 남겼다.

현대건축의 3대거장 중 한 사람인 라이트는 낙수장이나 구겐하임
뮤지엄과 같은 20세기 랜드마크가 될 많은 건축 문화유산을 미국
에 남기고 간 훌륭한 건축가다.

인디애나 주 컬럼버스 시의 건축 문화풍경

인디애나 주 컬럼버스 시는 인구 4만밖에 안되는 중서부 전형적
인 전원도시였으나 뜻있는 한 독지가의 힘으로 미국의 현대건축
을 한눈에 볼 수 있게 한 좋은 사례다. 그로 인해 모든 시민이 건
축을 사랑하게 되고, 긍지를 가지고 자기 고장을 가꾸고 건축에
대한 관심이 고조되었다는 점에서 우리에게 주는 교훈이 매우 크
다. 그런 의미에서 이방면의 연구자나 도시정책 입안자들에게 이
도시를 방문하길 적극 권장하고 싶다.

즉, 자기 고장의 활성화와 건축의 질을 높이기 위해 공공건축의
증개축이나 신축설계를 미국의 저명한 건축가에게 초빙·경쟁시
켜 선정된 작가에게 비싼 설계비를 후원회가 대행해 주는 형식
이다. 따라서 도시 전체가 건축전시장이 되어 많은 방문객이 찾
아들게 되었고, 미국의 건축가라면 누구나 이 도시에 작품을 남
기고 싶을 정도라는 점에서 특기할 일이다. 특히 이 고장에 남아

1. 탤리에신 웨스트
2. 탤리에신 웨스트 작업장
3. 거실 내부

있는 19세기 중서부식 상가건물들을 보존하면서 새롭게 단장하여 옛것과 현대건축을 병존시킨 정체성 있는 행정도 많은 도시가 참고할 일이다.

모든 시민이 자기 고장에 대해 긍지를 가지고 건축을 사랑하게 된 것은 커민스사Cummins Inc의 주인이며, 커민스 후원회를 창립한 어윈 밀러Irwin Miller 씨의 공로다. 그는 건축에 대한 관심 때문에 자신의 영리보다는 도시의 발전과 건축문화 향상에 기여한 것이다. 따라서 도시의 정체성은 시민들의 긍지와 윤택한 생활을 주었고, 자기 고장을 사랑하게 만들어 주었다고 보여진다.

1. I. M. 페이가 설계한 시립도서관
2. 엘리엘 샤리넨(Eliel Saarinen)이 설계한 교회
3. New City Hall
4. 에로 샤리넨(Eero Saarinen)이 설계한 교회

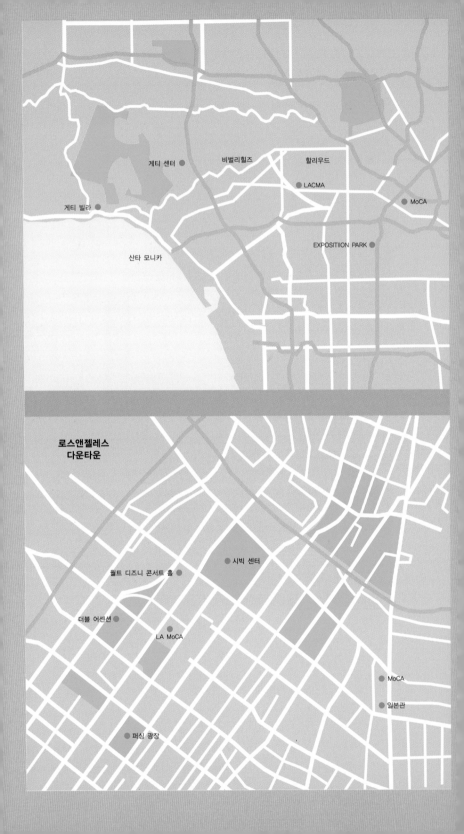

게티 센터 ●   비벌리힐즈   할리우드

LACMA ●

게티 빌라 ●   MoCA ●

산타 모니카   EXPOSITIION PARK ●

로스앤젤레스
다운타운

시빅 센터 ●

월트 디즈니 콘서트 홀 ●

더블 어센션 ●

LA MoCA ●

MoCA ●

일본관 ●

퍼싱 광장 ●

천사의 도시

Los Angeles: City of Angels

로스앤젤레스

PART **04**

기원과 랜드마크 … 할리우드·
디즈니랜드·비벌리힐스

문화권역 … 그랜드 애비뉴 재개발권역·
뮤지엄 거리 지역

환경조형물 … 더블 어센션·
퍼싱 광장 조형물·LA의 가장 긴 벽

볼만한 뮤지엄 … LA 컨템퍼러리 뮤지엄·
로스앤젤레스 카운티 뮤지엄·브로드 컨템퍼러리 뮤지엄·
게티 뮤지엄·텔레비전/라디오 뮤지엄·CA 항공우주 뮤지엄·
어린이 뮤지엄·캘리포니아 사이언스 센터·
LA 유대인 뮤지엄·머피 조각공원

주변지역 뮤지엄 … 게티 빌라·홀리호크 하우스·
존 스토러 하우스·에니스 하우스·게리 하우스·싼타모니카 플레이스·
샤트·로욜라 로스쿨·디즈니 컨서트홀

01 기원과 랜드마크

로스앤젤레스Los Angeles: 이하 LA로 표기는 아시아와 태평양 그리고 미국을 잇는 환태평양 문화권의 핵심으로 서부지역의 주요 관문이다. 뉴욕에 이어 인구가 가장 많은 미국 제2의 도시로 롱비치Long Beach·패서디나Pasadena·샌타모니카Santa Monica 등을 포함하여 면적으로는 세계에서 가장 넓은 도시이기도 하다. 그리고 영화의 도시로 알려진 할리우드 지역·디즈니랜드가 위치한 남동지역·태평양연안을 따라 펼쳐진 샌타모니카 휴양도시 지역 등으로 구성된다.

1984년 LA 올림픽을 계기로 많은 문화시설이 확충되기 시작하여 문화분야에도 발전을 보았다. 로스앤젤레스는 '천사의 도시'라는 뜻으로, 1781년 스페인 점령지로서 처음 생겨났다. 이후 1821년부터 1850년까지 잠시 동안 멕시코 영토에 속했으나 멕시코와 미국간의 전쟁1846-48 결과, 캘리포니아 지역으로 포함되면서 곧이어 미합중국 영토로 편입되었다. 원래 초기에는 백인 이민자와 멕시코의 부유한 농장주들의 두 문화가 공유하던 곳이다. LA의 발전은 1850년대 캘리포니아 북부 골드러시의 종말과 함께 시작되어 1870년대 철도건설, 1892년 오렌지 농장 설립과 석유 발견, 그리고 1913년 샌 페드로 항구 건설 등으로 인구가 크게 늘게 되었다. 또한 1차 세계대전 중 록히드 형제와 도날드 더글러스는 비행기 제조공장을 LA에 설립하여 항공우주·전자산업이 비약적인 발전을 거듭하게 되었고, 이후 약 20년 간 수십억 달러에 이르는 정부의 군수산업 보조금 때문에 급속히 성장하여 부동산 붐과 외곽지대까지 도시가 확장되었다.

1

1. LA 전경

특히 20세기 초 동부지역으로부터 넘어온 영화산업은 이 지역의
풍부한 일조량과 건조한 기후가 필름의 장기보관을 가능케 하였
고, 도시와 주변 지역의 풍광도 천연의 스튜디오로서 손색이 없
는 좋은 조건이 되었기 때문에 영화산업이 발전된 도시다. 결과적
으로 LA의 랜드마크라 할 수 있는 할리우드와 디즈니랜드는 이
지역의 대표적 문화산업이 되었다.

할리우드
Hollywood

LA의 랜드마크인 할리우드는 1911년 최초의 영화제작사가 문을 연 이래 오늘과 같은 영화산업의 대표적 문화가 이루어졌다.

도심에서 북서부 쪽에 위치하면서 실버레이크·로스펠리즈·그리피스 파크Griffith Park가 주변에 펼쳐져 있으며, 맨스 차이니즈 극장Mann's Chinese Theatre과 아카데미상을 시상하는 코닥 극장 Kodak Theatre 그리고 엔터테인먼트를 비롯한 TV·라디오·녹음 관련 뮤지엄도 있다. 6925 Hollywood Blvd. 메트로 레드라인을 타고 할리우드 앤 하이랜드Hollywood & Highland 역에서 내리면 할리우드 스타들의 발자취를 느낄 수 있다. 할리우드 대로를 따라 이어지는 별모양의 표석을 따라 영화배우뿐만 아니라 연예스타 및 감독들의 이름을 찾아볼 수 있으며, 맨스 차이니즈 극장에는 사람들이 가장 즐겨 찾는 스타들의 손도장과 발도장이 있다.

할리우드 앤 하이랜드는 총 5억 6,700만 달러의 예산을 투입하여 건립된 복합쇼핑 및 엔터테인먼트 센터이고, 주변의 바빌론 광장 근처에는 최고급 호텔·음식점·영화관·명품 브랜드샵 등이 위치하고 있다.

할리우드에는 여러 개의 스튜디오가 있지만 그중 유니버설 스튜디오Universal Studio가 가장 규모도 크고 유명하다. 유니버설 시티 역에서 하차하여 안내표지판을 따라 셔틀버스 정류장으로 가면 무료 트램을 타고 스튜디오로 올라갈 수 있다. 유니버설 스튜디오 정문 우측에는 유니버설 시티 워크Universal City Walk라는 레스토랑 및 쇼핑·극장·게임센터·나이트클럽 등을 포함하는 약 600m 의 테마거리가 1993년 5월부터 조성되어 관광객뿐만 아니라 현지

인들에게도 많은 인기와 관심을 모으고 있다. 스튜디오 내에는 타임머신을 타고 시공간 여행을 할 수 있는 백 투 더 퓨처Back to the Future, 생동감 있는 연출효과의 슈렉 4D영화관, 터미네이터 2, 워터월드Water World 등을 수용하는 엔터테인먼트 센터Entertainment Center와 E.T. 어드벤처ET Adventure, 쥬라기 공원Jurassic Park The

Ride, 백드레프트Backdraft 등 영화의 특수효과와 영화내용을 재현하는 스튜디오 센터Studio Center를 통해 흥미진진한 체험거리를 제공하고, 트램을 이용한 스튜디오 센터 투어도 볼만하다.

또한 할리우드 왁스 뮤지엄Hollywood Wax Museum, 할리우드 헤리티지 뮤지엄Hollywood Heritage Museum, 기네스 뮤지엄Guinness World Records 등과 같이 영화와 관련된 크고 작은 뮤지엄들을 둘러보면서 다른 각도에서 할리우드를 느껴볼 수도 있다.

LA의 상징인 'Hollywood' 사인글자 높이 15m이 언덕 위에 솟아있는데, 이는 1923년 부동산 개발회사가 'Hollywood Hills'라는 새로운 행정지의 탄생을 광고하는 광고탑으로 제작된 것이다.

디즈니랜드
Disneyland

LA의 또 다른 랜드마크로는 창립자 월트 디즈니의 이름을 딴 디즈니랜드가 1955년 개장된 이래, 세계적 어린이 유원지로 발전한 이곳은 '이 세상의 낙원'으로 불리고 있으며, 이를 위해 2년마다 개보수 및 증축을 거듭해 항상 새로운 내용들을 체험할 수 있다.

디즈니랜드의 구성은 주출입구에서 중앙의 '잠자는 숲속의 미녀 성'까지 펼쳐지는 메인 스트리트Main Street USA를 포함하여 투머로우랜드Tomorrowland · 프론티어랜드Frontierland · 크리터 컨트리Critter Country · 어드벤처랜드Adventureland · 뉴올리언스 스퀘어New Orleans Square · 판타지랜드Fantashland · 미키스 툰타운Mickey's Toontown 등 모두 8개 영역으로 나누어지며, 각 영역별로 다양한

1. 디즈니랜드 정문
2. 디즈니랜드 구성도

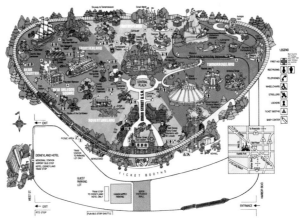

어트랙션·상점·체험공간들로 흥미를 더해 준다.

세계 어린이의 꿈의 궁전이지만 어린이와 어른이 함께 즐기면서 어린이가 상상할 수 있는 꿈을 실현할 수 있는 놀이시설이다.

이후 플로리다 주 올랜도에 디즈니랜드의 100배가 넘는 넓은 부지에 월트 디즈니월드를 개설1971년했고, 전 세계적으로는 1983년에는 일본의 지바현 우라야스 시에 총 넓이 820.6km²그 중 460.2km²가 테마파크의 도쿄 디즈니랜드, 1992년에는 프랑스의 마른느라발레에 디즈니랜드 파리, 2001년 2월에는 디즈니랜드 바로 옆에 새로운 테마파크인 디즈니 캘리포니아 어드벤처, 2005년에는 홍콩 디즈니랜드를 개장하였다. 현재까지 세계적으로 8개의 디즈니랜드/리조트가 개발되어 있다.

비벌리힐스
Beverly Hills

LA의 북서쪽에 위치하면서 약 35,000명 인구2006년 기준의 비벌리힐스는 원래 인디언이 살던 마을이었으나 1769년 스페인에게 정복당하면서 엘란초 로데오 드 라스 아구아스El Rancho Rodeo de las Aguas, 당시면적 약 18㎢라고 불렸으며, 1821년 이후부터 캘리포니아로 소속되었다. 이후 1906년 로데오 랜드 워터사Rodeo Land and Water Company에 의해 샌타모니카 산맥 기슭에 마을이 생겨나면서 'LA와 샌타모니카 사이의 아름다운 주거지'로서 지금의 이름으로 명명되었으며, 1914년 시로 승격되면서 완전히 주거지역으로 발돋움하기 시작하였다.

할리우드가 가까이에 있어 유명 영화배우나 사업가들이 살기 시작하면서 호화로운 고급 주택단지가 형성되었으며, 미국에서 가장 비싼 주거단지로 손꼽힌다. 시내에는 유명 호텔과 대형 백화점들이 들어서 있고, 특히 로데오드라이브, 비벌리드라이브, 그리고 윌셔블루바드에는 고급품을 취급하는 상점과 식당이 많기로 유명하다. 이 때문에 쇼핑을 하거나 배우들의 호화주택을 구경하려는 사람들이 몰려들어 관광지로 자리 잡았다.

행정적으로 독립되어 독자적인 경찰력과 학교를 가지고 있으며, 캘리포니아 대학교 로스앤젤레스 캠퍼스UCLA가 있다. 부근 해안에 관광휴양지인 샌타모니카가 있다.

1, 2. 비벌리힐스

02 정체성 있는 문화권역

LA 지역의 정체성 있는 문화권역은 다음과 같다.

그랜드 애비뉴 재개발권역
Grand Ave.

그랜드 애비뉴 예술권역에는 LA의 가장 오랜 시민광장으로 공공미술이 가득한 퍼싱Pershing 광장1866-1994: Ricardo Legorreta 설계을 비롯하여 LA 컨템퍼러리 뮤지엄·뮤직 센터Music Center·도로시 캔들러 파빌리온Dorothy Chandler Pavilion·어맨슨Ahmanson 극장·디즈니 컨서트홀 등이 모인 도심 재개발권역이다.

뮤지엄 거리 지역
Museum Row District

여러 개의 뮤지엄이 운집된 핸콕 공원에는 LA 카운티 뮤지엄LA County Museum of Art을 비롯하여 George C. Page Museum of La Brea Discoveries·La Brea Tar Pits 등이 있고, 그 주변에는 로스앤젤레스 카운티 뮤지엄 웨스트, Pertersen Automotive Museum 등이 산재해 있어 뮤지엄 거리를 이룬다.

1. 그랜드 애비뉴. 재개발권역
2. 디즈니 컨서트홀(Disney Concert Hall)
3. 뮤지엄 지역
4. LA 카운티 뮤지엄 전경

볼만한 환경조형물

LA지역에 볼만한 환경조형물은 다음과 같다.

더블 어센션

Double Ascension, 1973

뱅크 오브 아메리카Bank of America 앞뜰에 위치한 조형물이 화강암의 거대한 연못 위에 적색으로 채색된 강한 알미늄판을 쌍으로 접속시킨 나선형작품으로 '상승ascension'을 의미한다. 위에서 내려다보면 S자로 접속되며, 연못에 반사되어 새로운 시각적 체험을 부여한다.

작가 바이어Herbert Bayer는 바우하우스 출신으로 기하학적 조형을 통해 시적 감성을 의도했다. 즉, 광선은 계단의 각 부위의 색조를 점진적으로 밝게 하거나 어둡게 하는 변화gradation의 효과를 만들게 하고, 이것이 형태적 다이너미즘과 더불어 보다 큰 동적 상승을 만들고 있다.

도로변 검은색 건물을 배경으로 한 한 쌍의 붉은 조각이 강한 대비를 이루고 있다.

더블 어센션
작가 헐버트 바이어(Herbert Bayer)
위치 Arco Plaza, Los Angeles, CA
규모 4.35×8.08×9.9m
재료 알루미늄 판 위 적색 채색

1. 배경의 건축과는 강한 대조를 이룬 더블 어센션
2. 더블 어센션 위치도
3, 4. 퍼싱 광장의 조형물 레고레타가 설계한 분수

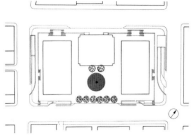

퍼싱 광장 조형물

Pershing Square, 1994, Ricardo Legorreta

퍼싱 광장은 LA의 가장 오래된 도심 시민공원1866으로 남북으로는 5번가와 6번가, 동서로는 힐 스트리트와 올리브 스트리트에 둘러싸인 한 블록 전체를 차지하고 있다.

1984년 올림픽을 계기로 1백만 달러를 들여 리모델링을 하였고,

1992년 멕시코 건축가 레고레타Ricardo Legorreta가 설계한 분수가 추가되었다. 1994년에는 1,450만 달러를 들여 레고레타와 조경건축가 올린Laurie Olin에 의해 새로 단장되면서 10층 높이의 보라색 종탑과 수많은 공공미술품들, 예술가 맥캐런Barbara McCarren이 설계한 지진단층선을 연상시키는 보행자로, 공연무대, 겨울철 아이스링크 등으로 가득 채워진 광장이 되었다.

LA의 가장 긴 벽
The Great Wall of LA

The Social and Public Art Resource CenterSPARC의 첫번째 프로젝트로서 1974년에 SPARC의 예술기획자이자 설립자인 바카Judith F. Baca에 의해 시작된 벽화작업은 약 400명의 젊은 벽제작자와 35명의 예술가에 의해 진행되었으며, 현재도 계속해서 진행 중에 있다.

세계에서 가장 긴 벽화로 LA의 문화적 랜드마크이며, 약 2마일의 벽면에 캘리포니아의 다문화 민족의 역사뿐만 아니라 선사시대부터 현재까지의 캘리포니아 역사 및 세계적 이슈들을 드라마틱하게 기록하고 있으며, 서로에 대한 이해와 '우리'라는 공동체의 중요성을 강조하고 있다.

1
2

1. 세계에서 가장 긴 벽화
2. 벽면 제작 중인 예술가

04 볼만한 뮤지엄

🏛

LA 컨템퍼러리 뮤지엄

Museum of Contemporary Art(MoCA), 1981-86, Arata Isozaki

이 지역은 LA 시 당국이 벙커힐Bunker Hill 지구 빈민촌을 재개발하면서 도시형 뮤지엄을 포함시킨 사례다.

당시 상업중심 지역에 문화시설을 중앙에 위치시킴으로써 주변 고층건물들의 휴식공간으로 도시적으로나 문화적 맥락에서 주변 환경을 풍요롭게 한 성공사례다.

뮤지엄의 배치계획 조건은 건물의 높이가 제한되고, 주변 거주자들의 공공 보행통로를 확보하고, 휴식과 다양한 행사가 가능케 해야 했다. 따라서 지상에는 최소한의 건축을 하고 전시공간은 지하로 배치하여 자연광 도입을 위한 피라미드 채광창만 솟아오르도록 설계되었다.

● 정보자료

홈페이지 http://www.moca.org/
소재지 250 S. Grand Ave, Los Angeles CA 90012
전화 213-626-6222
개관 월 11:00-17:00, 화·수 휴관, 목 11:00-20:00, 금 11:00-17:00,
　　토·일 11:00-18:00

홈페이지 http://www.moca.org/museum/moca_geffen.php
소재지 152 N. Central Ave., Los Angeles CA 90013
전화 213-621-1745
개관 월 11:00-17:00, 화·수 휴관, 목 11:00-20:00, 금 11:00-17:00,
　　토·일 11:00-18:00

홈페이지 http://www.moca.org/museum/moca_pdc.php
소재지 8687 Melrose Ave., West Hollywood CA 90069
전화 213-621-1741
개관 월 휴관, 화-금 11:00-17:00, 토·일 11:00-18:00

1. LA MoCA 전경
2. 진입부

따라서 전시공간은 도로의 광장에서 선큰된 중정을 통하여 아래로 진입되고, 중정은 관람객이나 외부인들에게 개방된 카페, 그리고 뮤지엄샵이 위치한다.

전시공간은 상설전시와 기획전시실로 양분되고, 자연광 유입을 위한 피라미드 천창이 설치되어 있다. 전시물은 1940년대 이후 미국을 대표하는 전위예술품이며, 조각과 회화·판화·사진 등 팝아트부터 미니멀리즘에 이르기까지 다양하다.

외부재료는 붉은 인도산 사암으로 천창과 조화를 이루며 작은 마을을 연상케 한다.

로스앤젤레스 카운티 뮤지엄

Los Angeles County Museum of Art(LACMA), HP+Hardy+Holzman & Pfeffer

Wilshire Blvd.에 접한 핸콕 공원 내에 위치한 로스앤젤레스 카운티 뮤지엄은 1965년 3개 동으로, 개관된 이래 끊임없이 확장돼 왔으며 현재 66,000㎡에 달하는 대지에 6개 동으로 구성되어 있다.

따라서 George C. Page Museum of Brea Discoverries, La Brea Tar Pits와 함께 서부지역에서는 가장 규모가 큰 종합예술기관이 되었다.

10만 점의 소장품과 많은 후원자가 있고, 현재 공공과 개인기금으로 운영되고 있으며, 매년 4,400만 달러의 예산으로 운영된다.

서측의 어맨슨 빌딩은 상설전시관이고, 북측의 해머 빌딩은 현대 미술품의 상설과 기획전시관이다. 또한 일본 신사 모양의 일본관도 있고, 빙 센터 Bing Center 맞은편의 앤더슨 빌딩은 근대 미술품의 상설과 기획전시가 이루어지고 있다.

관람순서는 앤더슨 빌딩 3층에서 시작해서 아래층으로 내려오면서 관람하는 게 좋겠다.

● **로스앤젤레스 카운티 뮤지엄**
소재지 5905 Wilshire Blvd
홈페이지 www.lacma.org
개관 평일 12:00–20:00, 금 12:00–21:00, 토·일 11:00–21:00, 수 휴관
전화 323-857-6000

1. 로스앤젤레스 카운티 뮤지엄 전경
2. 전체 조감도

브로드 컨템퍼러리 뮤지엄

Broad Contemporary Art Museum at LACMA, 2008, Renzo Piano

브로드 컨템퍼러리 뮤지엄BCAM은 로스앤젤레스 카운티 뮤지엄의 이사회 맴버인 Eli & Edythe Broad가 5,000만 불을 기부하고, 소장품 구입을 위한 별도의 1,000만 불을 기부함으로써 이루어진 것이다.

새로 부임한 마이클 고반Michael Govan 관장은 렌조 피아노와 함께 야심찬 확장과 리노베이션 계획을 내놓았다. 그의 뮤지엄에 대한 비전은 라틴아메리카와 아시아의 역사를 보는 장소이자 미래와 현대 작가를 통해 보는 공간이다.

로스앤젤레스 카운티 뮤지엄은 서부에서 가장 규모가 큰 종합적 예술기관으로 1억 5,600 달러의 예산을 들여 새 뮤지엄을 건립하게 되었다. 로스앤젤레스 카운티 뮤지엄 관내의 브로드 컨템퍼러리 뮤지엄은 세계 각국의 풍부한 소장품으로 이루어진 백과사전식 뮤지엄 내의 컨템퍼러리 뮤지엄이다.

H자 형태의 평면은 가운데 코어를 중심으로 양쪽에 전시실이 배치되어 있다. 전면도로의 반대편에서 진입하는 동선은 향후에 완성될 엔트런스 파빌리온Entrance Pavilion과의 연계성을 고려한 것이고, 중심 코어에서 계단부를 과감하게 외부로 빼내어서 그것 자체가 조형미를 지닌 붉은색 철골조각의 느낌을 준다. 주 출입은 북쪽 3층에서 이루어지고, 진입 후에는 중앙의 누드 엘리베

● **브로드 컨템퍼러리 뮤지엄**
개관일 2008년 2월 16일
연면적 약 70,000㎡, 3개 층
전시면적 5,600㎡

1. 브로드 컨템퍼러리 뮤지엄 배치도
2. 부분 전경
3. 전시공간

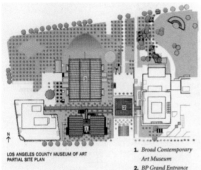

LOS ANGELES COUNTY MUSEUM OF ART
PARTIAL SITE PLAN

1. Broad Contemporary
   Art Museum
2. BP Grand Entrance
3. Special Exhibitions
   (planned)

이터와 자연광이 가득한 전시장을 만나게 된다. 톱니모양의 북
향 천창은 석회질 대리석의 심플한 외벽과 대조를 이루며 건축
가 특유의 세심한 디테일이 엿보이는 하이테크 건축이 전체 메
스의 볼륨과 강한 대비를 보이고, 도로변의 대형배너가 인상적이
다. 또한 전시공간은 무주공간無柱空間으로 구성되어 자유로운 전
시가 가능하다.

게티 뮤지엄
The J. Paul Getty Museum, 1984-97

새로운 문화의 아크로폴리스를 시도한 게티 센터가 LA 도심에서 서측 웨스트우드 지역 브렌우드 언덕 위에 프로젝트 개시 13년 만에 개관되었다.

지금까지는 LA가 디즈니랜드나 할리우드, 그리고 로데오의 거리로 알려져 왔지만 이제는 아크로폴리스 언덕 위에 파르테논 신전처럼 새로운 문화 컴플렉스를 구현함으로써 도시 이미지가 변화되었다.

게티 센터는 1974년과 76년 석유재벌인 폴 게티1893- 1976가 수집한 컬렉션과 막대한 기금으로 시작되었다. 1983년 존 월시John Walsh 관장이 새로운 뮤지엄 컴플렉스 건립을 위한 계획과 기구조직을 확대 개편하면서 시작되었고, 1984년 리차드 마이어Richard Meier를 최종으로 선정하게 되었다.

건축의 외관은 고전적 모더니즘에 기반을 둔 현대건축의 이미지이나 내부 전시공간은 고풍스러운 유럽풍의 디자인이다.

게티 센터가 건립된 언덕은 멀리 태평양과 광활한 평야, 그리고 LA 다운타운이 내려다보이는 천혜의 조건을 갖춘 곳이다. 입구에서 트램을 이용하여 정상에 오르면 뮤지엄뿐 아니라 정보센터·보존과학연구소·예술교육센터·장학센터·미술 및 인문과학연구센터 등 6개의 기능을 가진 건축들이 문화단지를 이룬다.

● **게티 뮤지엄**
건축가 리차드 마이어(Richard Meier, 미국, 1934-)
소재지 1200 Getty Center Dr.,
전화 310-440-7300
홈페이지 www.getty.edu/museum
개관 화·수 11:00-19:00, 목·금 11:00-21:00, 토·일 10:00-18:00, 월 휴관

1. 게티 뮤지엄 진입부
2. 게티 센터 전경
3. 전체 배치도

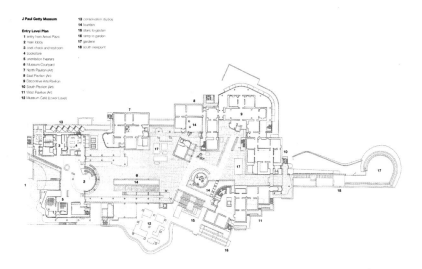

J Paul Getty Museum

Entry Level Plan
1 entry from Arrival Plaza
2 main lobby
3 coat check and restroom
4 bookstore
5 orientation theaters
6 Museum Courtyard
7 North Pavilion (Art)
8 East Pavilion (Art)
9 Decorative Arts Pavilion
10 South Pavilion (Art)
11 West Pavilion (Art)
12 Museum Café (Lower Level)

13 conservation studios
14 fountain
15 stairs to garden
16 ramp to garden
17 gardens
18 south viewpoint

그 중 뮤지엄 건축은 중정을 중심으로 또 다시 6개의 분동으로
조합되었고, 각 동은 서로 유기적으로 연결되어 컴플렉스를 이룬
다. 진입동을 거쳐 중정에 들어서면 각 전시동은 시대별로 동서
남북 4개동으로 나누어져 있고, 기획전시동이 별동으로 독립되어
있다. 중정은 단순히 상징적 공간이 아니라 야외 공연 및 다수 관
객의 집합, 분산이 가능하도록 조절해 주는 복합적인 기능을 가
진 중심적 휴식공간이다.
건축가는 이 프로젝트를 통해 파란 하늘과 멀리 태평양을 배경으
로 백색건축의 절정을 이룬 작품을 실현하였다.

텔레비전·라디오 뮤지엄
Museum of Television & Radio, 1994−96

1975년 패일리William S. Paley에 의해 설립된 이 텔레비전·라디
오 뮤지엄은 비영리단체로서, 다른 뮤지엄들과는 달리 텔레비전
과 라디오의 프로그램들을 수집·보관·방영·방송하고 일반인들
이 사용할 수 있도록 프로그램들을 대여 또는 판매하며, 해마다
화제가 되었던 프로그램을 중심으로 전시 또는 세미나를 개최하
기도 한다. 전시는 두 미디어에 관한 기록들을 모아 전산화된 시
스템으로 전시한다.

● **텔레비전·라디오 뮤지엄**
건축가 리차드 마이어(Richard Meier, 미국, 1934−)
소재지 465 N. Beverly Dr.
전화 310−786−1000,
홈페이지 www.mtr.org
개관 수−일 12:00−17:00, 월·화 휴관

1. 중정을 중심으로 한 분동형식의 게티 뮤지엄
2. 텔레비전·라디오 뮤지엄 전경
3. 텔레비전·라디오 뮤지엄 내부공간

1976년부터 예술·문화·역사분야 등과 관련된 프로그램을 수집하기 시작하여 현재는 뉴스·드라마·공익 프로그램·다큐멘트·예술·아동 프로그램·스포츠·코미디·광고 등 다방면의 프로그램 12만여 편 이상을 소장하고 있다. 1991년 9월 뉴욕 맨해튼에 뮤지엄필립 존슨 설계을 시작으로 1996년 3월에는 비벌리힐스에 리차드 마이어가 설계한 이 뮤지엄이 개관됨으로써 뮤지엄 소장품을 서부사회와 공유할 수 있는 계기를 마련하였다.

뮤지엄의 성격이나 기능상 다른 뮤지엄과는 달리 전시면적이 적고, 대신 원하는 프로그램을 듣고 볼 수 있는 공간과 시청각 자료실이 면적을 높게 차지한다.

CA 항공우주 뮤지엄

California Aerospace Museum, 1982-84, Frank O. Gehry

1984년 LA올림픽이 개최된 엑스포 공원 내에 위치한다. CA 항공우주 뮤지엄을 위해 할당된 대지에는 오래된 아머리Armory 빌딩이 도로로부터 조금 후퇴Setback된 상태다.

보도 상부에는 F-104 스타파이터 전투기가 돌출되어 우주항공 뮤지엄의 성격을 잘 나타내고 있다.

내부에는 1920년 라이트 형제가 사용한 글라이더·초경량 행글라이더·T-38 공군연습기와 제미니11 스페이스 캡슐 등이 천장에 매달려 전시되고 있다.

어린이 뮤지엄

Children's Museum of LA, 1979

1979년 6월 보스턴, 인디애나폴리스, 브루클린 어린이 뮤지엄을 모델로 LA 시청사에 지어진 이 시설약 1,600㎡은 2000년 8월 27일 21년 만에 시설확충을 위해 폐관되었다. 그리고 새로운 시설이 완공될 때까지 'Children's Museum 2 Go'라는 모바일 프로그램을 지속적으로 운영하고 있다.

● **CA 항공우주 뮤지엄**
소재지 Southwest Corner of Exposition Park

어린이 뮤지엄
위치 11800 Foothill Blvd., Lake View Terrace, CA
건축가 프랭크 게리(Frank O. Gehry, 미국, 1929-)
전화 818-686-9280

그간 약 5백만 명 이상의 관람객들이 방문한 이 시설의 주된 전시 내용은 교육적 측면에서 어떻게 일들이 이루어지며, 또 상상력을 통해 어떻게 일들이 이루어져야만 할 것인가를 보여주는 것이다. 전시실과 램프·계단 그리고 기어서 통과할 수 있는 파이프 등을 설치하였고, 노출될 수 있게, 만져볼 수 있게, 올라갈 수 있게, 기 어서 지나갈 수 있게 핸드 온 형식의 체험 위주로 이루어졌다.

1년 평균 약 36만 명의 방문객을 예상하는 새 어린이 뮤지엄약 5,600㎡은 산 페르난도 밸리San Fernando Valley의 북동쪽에 위치한 한센 댐Hansen Dam에 공사가 완료되었으며, 현재는 전시설치가 이 루어지고 있다. 건축설계는 그래햄Sarah Graham이 진행하였으며, 전시설계 및 제작은 Edwin Schlossberg Inc.에 의해 체험 위주의 핸드 온 형식으로 이루어졌다.

● 핸드 온(hand-on) 전시물을 직접 만져보며 체험하는 전시방법을 의미.

캘리포니아 사이언스 센터

California Science Center, Zimmer Gunsul Frasca

1912년 현재의 사이언스 센터 자리에 세워진 엑스포 공원 내의 주 박람회 건물은 미국의 단순한 농경·천연자원·산업생산품 전시로 시작되었다. 2차 세계대전 이후 기술집약 산업이 성장하면서 주 박람회 건물은 과학·기술을 보여주는 기능으로 리모델링되어 매일 일반인들에게 개방되었으며, 1951년 이러한 경향을 보다 정확히 전달하기 위해 캘리포니아 산업과학 뮤지엄으로 개명하였다.

이후 1987년 캘리포니아 사이언스 센터로의 전환을 위한 세 단계의 마스터플랜을 수립하여, 그 첫 단계1988-98로 1998년 사이언스 센터의 주 건물 Howard F. Ahmanson Building을 개관하였다. 비록 이 건물은 완전히 새롭게 재설계되었으나 원래 주 박람회 건물의 입면을 그대로 유지하고 있다. 이 단계에서는 '생명의 세계와 창의적 세계World of Life & Creative World'라는 두 가지의 상설전시가 주를 이루며, 100가지 이상의 핸드 온 탐구와 층별로 다양한 프로그램이 진행되고 있다.

두 번째 단계1998-2010로 사이언스 센터의 역할확장을 목적으로 사이언스 센터 학교의 설립과 아이맥스 극장이 건설되었으며, 2002년에는 the Sketch Foundation Air and Space Exhibits이 개관되어 우주탐험에 대한 궁금증을 풀어주고 있다. 또한 2004

● 캘리포니아 사이언스 센터
위치 Exposition Park, 39th Street & Figueroa St., LA
건축가 Zimmer Gunsul Frasca
개관 연중무휴 10:00-17:00 (예외: 추수감사절, 크리스마스, 신년)
전화 323-SCIENCE, 323-724-3623

1. 캘리포니아 사이언스 센터 전경
2. 진입광장
3. 아트리엄

년에는 약 7,500㎡의 Wallis Annenberg Building for Science Learning and Innovation이 개관되어 이중 약 3,000㎡ 면적이 과학을 체험하기 위한 공간으로 배려되어 서부에서 가장 큰 핸드온 전시형식을 갖춘 사이언스 센터로 발돋움하게 되었다. 또한 마지막으로 2010년에는 '세계의 생태World of Ecology'를 보여줄 상설전시가 진행되었다. 또한 교육부문을 집중 개발하여 인근 초등학교와 연계된 프로그램을 수행할 the Science Center School과 과학·수학·산업기술 분야의 전문 개발연구를 수행할 the Amgen Center for Science Learning를 완성할 예정이며, 새로 지어지는 세계의 생태 건물에서는 지구 생태계에 관한 종합적인 체험학습관이 오픈되었다.

3단계에서 Worlds Beyond까지 완성이 되면 미국 서부지역에서 가장 규모가 큰 사이언스 뮤지엄 단지가 조성될 것이다.

LA 유대인 뮤지엄

LA Museum of the Holocaust, 2010, Belzberg Architects

유대인 뮤지엄이 지하화된 경우가 몇 개 있듯이, LA 유대인 뮤지엄도 공원Pan Pacific Part 내 지하로 처리되었다. 콘크리트 길을 따라 내려가다보면, 부드럽게 경사진 길로 들어서게 되고, 길 양쪽에는 콘크리트 벽이 경사진 녹색 지붕과 함께 평행으로 서 있다. 진입구에서 전시공간으로 들어갈수록 유대인들과 다른 박해를 받은 사람들이 나치 포로수용소에서 어떤 고통을 겪었는지를 느끼게 되며, 공포의 분위기가 감돈다. 전시공간은 그리 크지 않고, 한정된 예산 때문에 되도록 간소한 재료를 사용해서 장엄하고 강렬한 느낌만을 연출했다. 첫번째 전시공간은 'The World that was'로 눈길을 끌고, 나치 강제수용소를 연상케하는 경사지붕이 압도하고, 자연채광은 내벽 구석까지 전해진다.

대학살이 이루어진 장소도 재현했고, 생존자들의 목소리를 들려줘서 관람객을 사로잡는다. 뮤지엄 밖에는 나치시대에 죽임을 당한 120만 어린이들을 기리기 위한 추모벽에 120만 개의 크기와 깊이가 다르게 뚫은 구멍들로 구성된 긴 벽이 과거를 회상케 한다.

● LA 유대인 뮤지엄
위치 Pan Pacific Park
연면적 3,345㎡
준공 2010년 11월

1. 공원 지하로 처리된 유대인 뮤지엄
2. 진입부
3. 전시공간

머피 조각공원
Murphy Sculpture Garden, 1967

행정가이며 교육가이자 의사인 머피Franklin D. Murphy, 1916~94는 캔사스 대학의 총장을 역임하였으며, 1960년 그곳에서의 공적을 인정받아 UCLA의 총장으로 부임하였다. 머피는 예술분야에 개인적으로 많은 관심을 가졌으며 대학 내에 미술대학 확장을 추진하였다. 그의 아름다운 새 캠퍼스 조성사업에 따라 새로이 들어서는 북쪽 캠퍼스 건물들의 중앙에 학생들의 반대에도 불구하고 3.4에이커의 개방된 정원이 만들어졌으며, 이를 효시로 주변의 많은 기부와 예술품 기증이 이루어졌고, 머피 총장의 지속적인 노력과 조경건축가 헤즐렛Hazlett과 카터Carter 교수의 계획안에 의해 현재의 조각정원이 결실을 맺게 되었다.

1967년 11개의 작품이 설치되면서 본격화된 이 조각정원은 현재 5에이커 이상의 넓은 녹지에 헨리 무어·로댕·미로·칼더·노구치·데이비 스미스·버터필드 등 20세기를 대표하는 거장의 조각작품 70여 점이 전시되고 있으며, 미국에서 가장 아름다운 야외 조각정원 중의 하나로 손꼽히고 있다.

● **머피 조각공원**
위치 10899 Wilshire Blvd., LA
개관 화·수·금·토요일 11:00~19:00, 목요일 11:00~21:00, 일요일 11:00~17:00,
       월요일 휴관
입장료 어른 $7, 65세 이상 $5, 17세 이하 무료, 목요일 모든 방문객 무료
전화 310-443-7000

1, 2. 머피 조각공원 전경
3. 조각정원 일부
4. 조각정원 일부

05 주변지역 문화명소

주변 지역의 문화명소와 LA 지역의 라이트와 게리의 작품은 다음과 같다.

게티 빌라

The Getty Villa, Malibu, CA, 1974, 2006 재개관, Machado & Silvetti Associates

석유왕 게티가 세운 게티 빌라는 게티 뮤지엄의 서측 말리부에 고대 그리스·로마·에트루리아의 예술과 문화를 연구하기 위해 설립된 교육기관이자 뮤지엄으로 전시·보존·연구·장학제도·공공 프로그램과 관련된 활동을 통해 예술 애호가들의 다양한 요구를 수용한 곳이다.

이 프로젝트는 기존의 폴 게티 뮤지엄 건물1세기 로마시대의 저택인 빌라 데이 파피리(Villa dei Papiri)를 재현한 건물을 개조해서 새로운 공간을 창출하고, 그곳에 고대유물을 전시하고 있다.

갤러리 내부와 함께 게티 가문 소유의 목장주택을 연구시설로 전환하고, 새로운 건물과 공용공간 및 정원을 만들었다.

위치 17985 Pacific Coast Highway, Pacific Palisades, CA
건축가 Machado & Silvetti Associates
개관 목-월요일 10:00-17:00, 화·수요일 휴관/ 무료입장이나 전화 또는 뮤지엄
　　　 웹사이트를 통해 사전예약 필수/ 주차비 $10
전화 310-440-7300
홈페이지 http://www.getty.edu/
주소 17985 Pacific Coast Hwy., Malibu

1 2 | 1. 게티 빌라 진입부
3 | 2. 중정
4 | 3. 배치도
4. 갤러리 내부

1. Parking
2. Entry pavilion
3. Villa
4. Theater
5. Auditorium
6. North campus

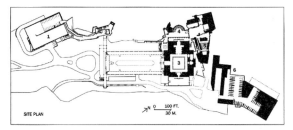

SITE PLAN

진입동·극장·카페·뮤지엄샵·보존연구실·학술자료실·교육시설
을 새롭게 조성된 정원과 외부 공간의 핵심을 이루며, 기존 빌라
를 중심으로 배치되었다.

신축건물은 기존 뮤지엄 건축과 대조적으로 처리하여 게티 빌라
만 특징적으로 두드러진다.

미국의 위대한 건축가 라이트는 70년이 넘는 세월을 이 시대의 예술과 건축을 혁신적으로 발전시키고 이끌어 온 세계 3대 거장巨匠: master의 한 사람이다. 그의 많은 작품과 여러 권의 저서 그리고 건축전시는 전 세계 건축가들에게 영향을 주었으며, 그의 건축이념과 원리는 아직도 논의의 가치가 있다고 본다.

그의 LA 지역 작품들은 다음과 같다.

홀리호크 하우스

Hollyhock House / for Aline Barnsdall, 1917–20

영화를 좋아했던 얼라인 반스댈Aline Barnsdall은 LA 도심 올리브 힐에 상당한 부동산을 소유하고 있었다. 그녀의 계획은 올리브힐 입구에 대규모 극장을 짓고, 배우와 감독들을 위한 주택단지와 상점을 조성하는 것이 소원이었다. 물론 자신의 저택 'for Aline Barnsdall'을 포함하였다.

저택 설계는 남서부의 기후를 상당부분 반영해 캘리포니아의 뜨거운 태양을 마주보게 될 벽은 되도록 창을 적게 하고, 대신 중정을 향한 벽은 창을 많이 만들었다. 즉, 높은 언덕 정상에 위치한 이 저택은 두꺼운 콘크리트 벽으로 해서 뜨거운 태양으로부터 보호되고, 방들은 정원과 음지에 면하도록 하였다. 집 전체 벽은 건축주가 좋아하는 '접시꽃Hollyhock' 문양으로 조각된 콘크리트 블록을 개발하여 사용하였다.

1. 홀리호크 하우스 전경
2. 단의 변화가 있는 실내
3. 중정부분

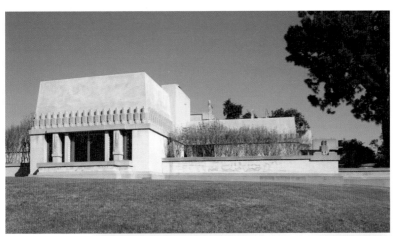

존 스토러 하우스
John Storer House, 1922-24

LA 할리우드 언덕에 위치한 이 저택은 의사인 스토러Dr. John Storer를 위한 주택으로, 라이트가 2년1922-24 동안 LA에 Mayan Revival style 텍스타일 블록textile-block을 사용하여 설계한 5개 건물 중의 하나다. 이 저택은 언덕의 자연경관과의 조화를 위해 '확장된 인조 경관'의 느낌을 주고자 텍스타일 블록을 사용하였으며, 다른 구조에 비해 경제적이다.

평지붕에 2개의 날개를 가지고 있는 2층 구조로서, 중간의 높은 층고를 갖는 거실을 중심으로 한쪽에는 가족 침실들과 욕실 등이, 다른 한쪽에는 주방, 집사를 위한 공간들이 위치하고 있다.

이 저택은 1971년에 사적지로 등록되었으며, 1972년에는 'LA문화유산위원회LA Cultural Heritage Commission'로부터 '역사문화 랜드마크'로 지정되었다.

존 스토러 하우스
위치 8161 Hollywood Boulevard, LA

1 1, 2. 존 스토러 하우스 전경
2 3 3. 존 스토러 하우스 거실

에니스 하우스
Charles E. Ennis House, 1923-24

에니스 부부를 위한 주택으로서 LA 시 그리피트 파크Griffith Park 남측 주변에 위치하고 있으며, LA 지역에서 프리캐스트 콘크리트 블록텍스타일 블록을 활용한 4번째 저택이다. 이 재료는 공장에서 미리 제작하여 현장조립이 용이하며, 대량생산이 가능한 것으로서 경제적이다. 그러나 라이트는 이 재료를 활용하여 표현하기에는 너무 큰 규모약 930㎡ 면적의 저택이라 이후 건축되는 존 스토로 하우스에서는 상대적으로 좀더 작고 주거용 건물처럼 보이는 형태를 추구하였다.

높은 층고의 실내는 할리우드 대작을 위한 세트를 연상시키며, 외부의 콘크리트 블록은 주변의 덩굴과 길게 늘어진 초목들로 인해 숨겨진 마야 건축을 보는 듯하다. 이 저택은 크게 2개 동으로 구성되었으며, 서측에는 주요 생활공간들과 운전사 거주공간 및 주차장이 있으며, 라이트의 다른 블록 저택들의 수직적 전개와 다르게 북쪽에 공용 및 개인실들부엌·식당·게스트룸·거실·침실 등이 수평으로 펼쳐져 있다.

LA의 랜드마크로서 450만 달러를 들여 2007년에 복원공사가 완료되었다.

● 에니스 하우스
위치 2607 Glendower Ave., LA

1, 2. 에니스 하우스 전경
3. 에니스 하우스에 사용된 텍스타일 블록
5. 서측면 거실의 벽난로
4. 에니스 하우스 테라스
6. 실내전경

제 3세대 현대 건축가 중 주역이라 할 프랭크 게리는 빌바오 구겐하임 뮤지엄1991-97으로 20세기 말 세계건축의 랜드마크가 된 작품을 남긴 건축가다.

그의 작업은 조각가의 감성으로 건축과 타 장르의 예술과의 경계를 넘어 예술적 감성과 성과에 감동하고 반응하여 그 영향을 되돌려 주려는 시도를 하는 작가다.

게리의 순수성은 70년대 초 이성이 없는 풍부한 건축이지만 합리성을 추구하는 가운데 유행하는 경향의 건축으로 시작되었다. 그 후 예술가들과 함께 작업하면서 그들의 영향을 받아 건축 디자인을 조각적으로 접근하기 시작하여 새로운 공간의 창출·자연광의 유입방법·새로운 재료의 사용 등 새로운 해석으로 자신의 건축을 창출해 낸 것이다.

그가 궁극적으로 추구하려는 건축이념은 시적이고, 실용적이고, 역사적이길 바라고 있다.

게리의 LA 지역 작품들은 다음과 같다.

게리 하우스

Gehry House 개축, 1978

자신의 주택을 합리성을 추구하는 가운데 유행하는 경향으로 개조한 초기작품이다.

한 주택의 용적을 최대한으로 증가시키고, 또 거친 소재들을 사용하고 낡은 실내를 해체하였다. 또한 '신선함과 색다른 것'을 의도하기 위해 아직도 진행 중이고, 건축이 미완성인 것처럼 추구했다. 즉, 집 전체를 셀로 감싸게 하여 마치 하나의 집에 낡은 집이

1. 게리 하우스 진입부 현관
2. 게리 하우스 부엌부분 천창

있는 것 같은 효과를 냈고, 내부는 새롭게 구성했다. 특히 부엌부
분의 창은 철망의 쉐도 스트럭처를 첨가해 집 전체로부터 탈출하
려는 느낌을 주고 있다.

● shadow structure 철망이 삽입된 그늘진 구조의 천장.

싼타모니카 플레이스

Santa Monica Place, 1980

싼타모니카 상업지역 재개발 계획의 하나로 고급 브랜드의 상가가 있는 주상복합의 개발계획에 의해 이루어진 것이다.

계획의 주안점은 가로측 전면의 저층부와 기존 도시구조오래된 북쪽의 상점과 서쪽의 해변와의 연계에 있다.

거리에는 벤치와 조각상, 분수를 통하여 아름다운 거리를 조성함으로써 주말이면 보행자의 천국이자 자유로운 청춘의 도시로 탈바꿈한 것이다.

샤트

Chiat / Day office Building 1991, Venice, CA

게리의 특성이 잘 나타난 이 작품은 LA 근교 베니스의 메인가에 위치한 팝아트 조각으로, 정문이 꾸며진 건축의 가능성을 보여준 인상적 작품이다.

출입구에 해당하는 건물 중앙의 '망원경'은 조각가 클래스 올덴버그Claes Oldenburg의 작품을 확대 묘사한 색다른 이미지를 갖는다.

꼭 보아야만 할 게리의 LA 건축 중 하나임에도 불구하고, 기존 도시 컨텍스트를 부정하기 때문에 당시에는 거부감을 주는 작품이다.

1. 싼타모니카 플레이스 주차건물의 스크린에 글씨를 넣은 것이 특성이다.
2. 클래스 올덴버그의 조각 '망원경'을 모티브로 한 샤트 정문
3. 샤트 실내공간

로욜라 로스쿨

Loyola Low School, 1981-84

평범한 기존 건축에 비하면 게리가 설계한 로스쿨 건축은 초현실
적인 파사드와 색감이 캠퍼스의 중심을 이룬다.

지금까지 기존 시설의 낙후로 교육의 질이 저하되고, 학생들도 낙
후된 시설로 인하여 방과 후 활동에 지장을 받아 왔으나 게리가
설계한 새로운 건축을 통하여 학교의 역사와 전통이 되살아났다
고 하는 작품이다.

디즈니 컨서트홀

Disney Concert Hall, 2003

미국 서부의 문예부흥과 LA의 새로운 랜드마크가 될 디즈니 컨
서트홀이 문화단지인 그랜드 애버뉴 문화권역에 건립되었다.

LA 필하모니 오케스트라의 새로운 홈그라운드를 미국의 대형 미
디어 그룹인 월트 디즈니가 창업자의 공적을 기리기 위해 건립한
것이다. 즉, 1987년 월트 디즈니의 미망인 릴리언1899-1997 여사가
남편의 뜻에 따라 컨서트홀을 지어달라고 LA 시에 기부한 5천만
달러가 발단이 되어 디즈니재단과 디즈니사가 기부금을 내서 이

● 로욜라 로스쿨
소재지　1441w.Olympic Blvd
신축 55,000sf, 개축 55,000sf

디즈니 컨서트홀
소재지　111 S. Grand Ave. T. 323-850-2000
총공사비　2억7400만 달러(약 3천5백62억 원).
설계비　5천만 달러 (약 6백50억 원)
개관일　2003년 10월 23일

```
1   2
3     4
```
1, 2. 로욜라 로스쿨 외부
3. 디즈니 컨서트홀 평면 스케치
4. 디즈니 컨서트홀 전경

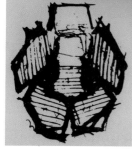

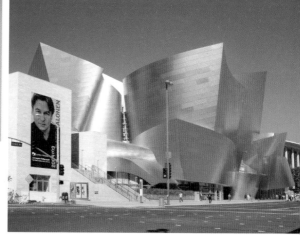

루어진 것이다.

객석 수는 2,265석으로 포도밭 스타일의 객석배치와 공연장 내
부 구조를 먼저 디자인한 후 외부 형태를 착수했다. 내부의 완
만한 곡선으로 꾸민 발코니석은 '음악을 항해'하며 떠나는 한 척
의 배처럼 느끼게 한다. 음향설계는 도쿄 산토리 홀·삿포로 컨
서트홀 설계로 유명한 일본 나카타永田 음향의 도요타 야스하라
가 담당했다.

지하에는 주변의 주차난을 해소하기 위해 7층 규모의 지하주차
장이 들어서 있다.

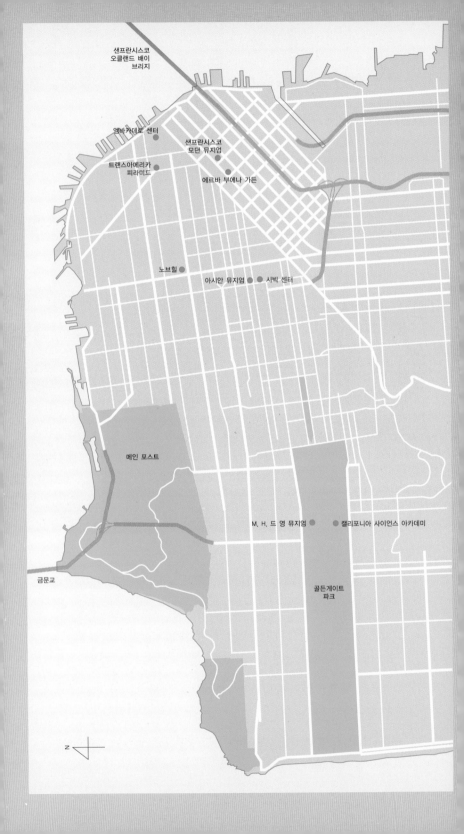

샌프란시스코
오클랜드 배이
브리지

엠바카데로 센터

샌프란시스코
모던 뮤지엄

트랜스아메리카
피라미드

에르바 부에나 가든

노브힐

아시안 뮤지엄   시빅 센터

메인 포스트

M. H. 드 영 뮤지엄   캘리포니아 사이언스 아카데미

금문교

골든게이트
파크

N

금문교의 도시
San Francisco: the Golden Gate City

샌프란시스코

PART **05**

01 기원과 랜드마크

샌프란시스코는 로스앤젤레스와 더불어 서부 지역의 주요 관문의 하나로 미국을 태평양쪽에서 접근하는 아시아 사람들의 대부분은 이 도시를 거치게 되는 세계적 관광도시다.

또한 태평양 연안 제2의 항구도시로 삼 면이 바다로 둘러 쌓였으며, 서측은 태평양에 면하고, 동측은 샌프란시스코 베이와 맞다은 고밀도 도시다.

푸른 바다와 고즈넉한 언덕, 아름다운 다리와 꽃길 그리고 낡은 케이블카가 고풍스러운 낭만을 풍기는 도시여서 미국인들도 가장 가고 싶어하는 미국다운 도시 중 하나다.

샌프란시스코는 1596년 스페인 함대가 샌프란시스코 건너편 해안에 상륙한 것이 시초이고, 1776년 스페인 선교사들이 이곳에 전도기지를 세운 것이 도시의 기원이다. 그 후 1786년 멕시코 령으로 모피거래의 중심지에 불과하다가 1846년 미국 해군에 의해 점령된 1847년에 정식으로 미국 정부에 의해 'San Francisco'라 부르게 된 것이다. 당시는 겨우 490명의 이주민이 살고 있었으나 1848년 샌프란시스코 부근 시에라 네바다Sierra Nevada 산지에서 금광맥이 발견되어 골드러시를 맞으면서 2만 5천 명으로 인구가 급증하게 되었다.

그 후 수십 년간 유흥과 향락을 즐기는 광부들로 인해 카지노·술집·사창가·마약 등이 들끓는 악명 높은 도시가 되었다.

면적 120㎢
인구 78만 명(미국 도시 전체의 12위 정도)

1
2

1. 샌프란시스코 전경
2. 샌프란시스코-오클랜드 베이 브릿지

1906년 4월 18일 미국 역사상 최대 지진으로 수많은 건물이 파괴되었고, 500명 이상이 희생돼 순식간에 죽음의 도시로 변하기도 했다. 1930년대 대공황을 맞았으나 대형 공공 프로젝트가 진행되면서 도시가 재건되었고, 샌프란시스코와 오클랜드를 연결하는 샌프란시스코-오클랜드 베이교San Francisco-Oakland Bay Bridge, 1936와 금문교Golden Gate Bridge, 1937가 건설되어 이 지역의 위상이 높아지기 시작했다.

이때 지어진 빅토리아풍의 건축이 지금도 보존되고 있으며, 지진에 견디기 위한 피라미드 구조로 설계된 트랜스아메리카 피라미드Transamerica Pyramid도 샌프란시스코의 랜드마크 역할을 하고 있다.

2차 대전 중에는 베이 에어리어Bay area가 태평양 군사작전의 전초기지가 되면서 거대한 조선소가 건설되어 지역경제를 살렸으나 전후에는 다양한 저질문화로 전락하기도 했다.

1980년대에는 경제 붐이 일자 음식문화가 꽃을 피우게 되었고, 90년대 후반에는 닷컴 혁명이 일어나 집세와 부동산 가격이 치솟아 예술가와 중산층 그리고 가난한 사람들이 내몰리면서 사회구성원이 재구성되기도 했다. 그리고 나노 테크놀러지라 불리는 전자공학이 재도약의 기회를 가져오게 되었다.

1. 빅토리아풍이 남아 있는 거리

1

샌프란시스코의 랜드마크로는 금문교를 비롯하여 다음과 같은 것들이 정체성을 갖는다.

금문교
Golden Gate Bridge, 1931-37

샌프란시스코를 상징하는 금문교는 1933년부터 4년에 걸쳐 만들어진 사장교Suspension Structure로 샌프란시스코와 마린 카운티 Marin County를 연결하는 다리로 세계에서 가장 아름다우며, 거대한 조각품과도 같다. 다리의 색상이 붉은 색이지만 노을이 질 때는 그 빛이 금색으로 보인다하여 금문교라 칭하게 된 것이다.
샌프란시스코의 풍광과 잘 조화되는 이 다리는 계절과 날씨 그리고 시간에 따라 시시각각으로 변화하기 때문에 사진작가들의 촬영대상이 되고 있다. 특히 다리 남단 Fort Point Nat'l Historic Site에서 바라보는 전경이 가장 아름답다.
이 다리 건설을 위해 많은 중국인들이 동원되었으며, 색칠작업은 현재도 매일같이 이루어지고 있다. 금문교를 들어서는 정면의 알카트라 섬Alcatraz Island은 과거 연방정부 최고 형무소로 가장 흉악한 죄수를 가둔 곳이었다.

● **금문교**
   총길이 2,331.7m
   사장교각 사이 길이 1,273m
   다리높이 67m
   사장교 캐이블 직경 92.4㎝
   총무게 2만 2천 톤
   총공사비 3,500만 달러
   당시 주임기사 Joseph B. Strauss

1. 샌프란시스코와 마린 주를 연결하는 금문교. 멀리 보이는 도시가 샌프란시스코 다운타운
2. 구름 위에 나타난 금문교 교각과 샌프란시스코 도심

트랜스아메리카 피라미드
Transamerica Pyramid, 1969–72

이 건축은 샌프란시스코의 특색 있는 랜드마크의 하나로 트랜스
아메리카 세계본부다.
48층 높이의 이 건축은 당시 최고 높이로 지진에 대비하기 위해
피라미드 구조 모양이어서 정체성을 가지고 있다.
27층 전망대가 일반에 공개되어 샌프란시스코 만을 조망할 수 있
었으나 현재는 폐쇄되었다.

노브힐
Nob Hill

캘리포니아 스트리트California ST 연변의 고급주택가로 샌프란시
스코의 정체성을 나타내는 얼굴로, Nob란 'Nabab부자들'에서 유
래한 말로 골드러시 시대에 철도사업이나 금광을 찾아온 사람들
이 살기 시작한 것이 이 마을의 시초다.
현재는 부호들의 저택으로서 호텔들이 들어서 호화로운 분위기
를 이어가고 있다.

● 트랜스아메리카 피라미드
연면적 49,237㎡(530,000SF)
높이 260m(853ft)
층수 48층
설계자 William L. Pereira & Ass.
주소 600 Montgomery St. San Francisco, CA 94111

1. 샌프란시스코의 상징인 트랜스아메리카 피라미드 원경
2. 샌프란시스코의 정체성을 나타내는 고급주택가 노브힐

02 정체성 있는 문화권역

샌프란시스코의 정체성 있는 문화권역은 다음과 같다.

에르바 부에나 가든
Yerba Buena Gardens

본래 이 주변은 슬럼화된 지역이었으나 새로 조성한 복합 문화시설로 인해 샌프란시스코의 문화중심권역으로 탈바꿈된 곳이다. 즉, SoMa South of Market 지구 재개발의 가장 중심이 되는 지역으로 샌프란시스코에서 가장 눈부신 변화를 보이는 곳이다.

이 지역에는 시민들의 휴식처인 아름다운 공원과 제임스 폴섹 James S. Polshek 설계의 Center for Arts Theater와 후미히코 마키 Fumihiko Maki 설계의 Center for the Arts at Yerba Buena Gardens, 그 건너편에는 마리오 보타 Mario Botta 설계의 SF MoMA와 H.O.K 설계의 George R. Moscone Convention Center가 마주하고 있다.

항상 붐비는 이 지역은 5월부터 10월까지 야외 퍼포먼스나 컨서트가 수없이 열린다.

에르바 부에나 가든
전화 415-543-1718
홈페이지 www. ybgf. org

1. 에르바 부에나 가든 배치도
2. 에르바 부에나 가든 부분
3. 에르바 부에나 가든 전경

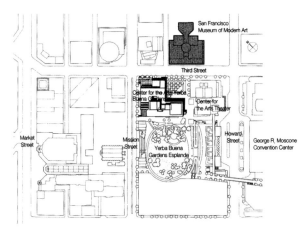

엠바카데로 센터

Embarcadero Center, 1971−88, John Portman

미국 서부의 월스트리트로 불리는 샌프란시스코 금융가의 서측에 위치한 고층 빌딩 6개의 컴플렉스를 이룬 지역이다. 오피스를 비롯하여 쇼핑과 호텔까지 포함한 집합체로 '도시 속의 도시'라고 불린다.

각 건물을 연결하는 저층부에는 수많은 상점과 레스트랑들이 밀집돼 있으며, 세계적 아티스트들의 오브제와 미술품들이 곳곳에 배치되어 볼거리를 제공한다. 마치 서울 종묘 앞에서 퇴계로까지 연결되었던 세운상가와 같은 분위기로 모든 건물이 보행자용 통로인 데크로 연계되어 있다.

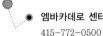

엠바카데로 센터
415-772-0500
Embarcadero Center
Four Embarcadero Center
Suite 2600
San Francisco, CA 94111

1. 여섯 개의 건물군으로 이룬 엠바카데로 센터 조감도
2. '도시 속의 도시'라는 엠바카데로 센터 연결도
3, 4. 연결 데크

03 볼만한 환경조형물

샌프란시스코의 볼만한 환경조형물은 다음과 같다.

엠바카데로 센터의 조형물
Embarcadero Center

대분수(大泉)
Grand Fountain, Armand Vaillancourt

조각분수나 연못들은 스케일과 형태면에서 추상적이기도 하고, 건축적 구조성을 지니기도 한다.

하야트 리젠시Hyatt Regency 인접 가로공원에 4각 콘크리트 관에 물을 흘리는 이 조형물은 해안도시인 샌프란시스코다운 조각분수로 주변을 휴식공간으로 조성하는 주요한 역할을 한다.

라 쉬퍼니에
La Chiffonniere, 1978, Jean Dubuffet

장 뒤뷔페의 특색인 스테인리스 판에 검은 선을 보내 '로봇'이나 '천하대장군'의 형상을 이루고 있다.

이클립스
Eclipse by Charles Perry

도시 스케일에 가까운 반 외부 공간인 하야트 리젠시 로비에 놓인 금속 조형물이 분위기를 고조시킨다. 물을 바탕으로 한 거대한 대공간에서 일식과 월식을 상징하는 이 작품은 어느 위치에서나 볼 수 있는 중요한 상징성을 나타내고 있다.

1	2
3	

1. 하얏트 리젠시 호텔 인접 가로공원에 위치한 분수조각 – 대분수
2. 로봇이나 천하장군으로 보이는 추상적 형상 – 라 쉬퍼니에
3. 일식과 월식을 상징하는 금속 조형물 – 이클립스

튤립
The Tulip by Architect John Portman Jr.

튤립 형상의 콘크리트 조형물이 하얏트 리젠시 주변 상가 램프의 구조체를 이용한 건축가 존 포트먼John Portman Jr.의 작품이다.

스카이 튜리
Sky Tree Embacadero Center, Louise Nevelson

엠바카데로 센터의 여러 작품 중 가장 최근의 것으로 작가의 전형적인 소재와 형태인 코텐 스틸corten steel: 녹슨 강철판과 표현적 구성주의 작품이다. 러시아 출신인 그녀의 작품 세계는 생생하면서도 스케일이 큰 면모를 보인다. 이러한 형상은 철이란 소재와 색채에서 고조되고, 도시환경 측면에서 부합된다고 본다.

크로노스 XIV
Chronos XIV, Nicholas Schoffer

선큰된 공간의 지표면에서 상층까지 꿰뚫고 형성된 키네틱 형식이다. 따라서 이 조각에 대한 시각은 지상층에서는 물론 데크층에서도 이루어진 양면성을 갖는다. 이러한 시각적 흥미는 여러 개의 팬으로 구성된 바람개비의 동적 연출로 더욱 고조된다. 총 19.2m 높이의 골격 속에 49개의 반사경과 65개의 디스크로 구성되었다.

엠바카데로 센터 고층 건물과 건물 사이를 연결하는 저층부에 지면에서 데크층까지 솟아오른 금속 조형물이다.

1. 콘크리트로 제작된 튤립 모양의 조형물 – 튤립
2. 나무를 철재로 추상화시킨 구성주의 작품 – 스카이 튜리
3. 여러 개의 바람개비와 반사경으로 구성된 키네틱 조형물 상부 – 크로노스 XIV
4. 지층에서 본 키네틱 조형물 하부 – 크로노스 XIV

쐐기 모양의 두 기둥
Two Columns with wedge, willi Gutmann

이 역시 지면에서 지상 데크층 상부로 쐐기 모양을 한 두 개의 스테인리스 원주가 솟아오르면서 주변의 건축적 분위기에 걸맞게 어울린다. 즉, 지하 아케이드로부터 8층 높이의 수직적 조형이 각 층의 중간적 연속성을 인식하게 하는 주체가 되며, 지상과 지하를 통합하는 개념이다. 아랫부분의 세 개의 몸체는 각기 대응하는 태도다.

무제
Bank of America, 1969, Masayuki Nagare

샌프란시스코에서 가장 높은 지대에 위치한 뱅크 오브 아메리카 건축 앞에 놓인 〈무제〉라는 스웨덴산 검은 대리석은 매우 현대적이면서도 자연스럽고 동양적인 신비감을 준다. 이 작품은 보는 이에 따라 여러 가지 관점의 형태를 갖는 특징이 있다.

● **무제**
　재료　200톤 무게의 스웨덴 검정 대리석
　길이 7.5m × 폭 6m × 높이 4m

1. 스테인리스 기둥이 솟아오른 상부 모습 – 쐐기 모양의 두 기둥
2. 지층에서 본 스테인리스 기둥 하부 – 쐐기 모양의 두 기둥
3. 뱅크 오브 아메리카 앞에 놓인 200톤 무게의 검은 대리석 조형물 – 무제

04 볼만한 뮤지엄

🏛

샌프란시스코의 가볼만한 뮤지엄은 다음과 같다.

샌프란시스코 모던 뮤지엄
San Francisco Museum of Modern Art, 1990-95, Mario Botta

본 뮤지엄은 1935년 샌프란시스코 베이 지역의 미술 애호가들이 재향군인회 건물에서 시작된 이래 개관 60주년을 기념해 신축된 것이다.

뉴욕 MoMA 다음의 규모를 자랑하는 현대미술을 위주로 하며, 특히 미디어를 위한 전시와 교육활동이 특징이다.

본래 이 지역은 슬럼화된 지역이나 새로 조성된 복합 문화시설과 컨벤션 센터 그리고 공원으로 인해 샌프란시스코의 문화 중심권역으로 탈바꿈한 곳이다.

강한 상징적 외관에 비해 내부 중심 홀은 고급 백화점과 같은 분위기다. 내부 광장Internal Plaza이라고 불리는 중앙 대공간은 40m 높이의 천창으로 흘러들어온 자연광이 전층을 밝히고 있다.

또한 주 계단은 고전적 형식에 따라 중앙에 위치하며, 전시공간은 그 주위에 둘러싸여 있다. 1층의 특별 이벤트 홀은 내부 광장과 함께 특별행사시 유용하게 쓰이며, 뮤지엄샵과 레스트랑은 외부에서도 이용할 수 있게 한 점이 새롭다.

전시공간은 연속으로 연결된 고전풍으로 대부분 자연광을 취하고 있으며, 기획전을 위한 5층 특별 전시공간은 중앙의 원통을 가로지르는 터렛 브리지turret bridge를 건너가는 행위예술을 방문객을 통해 볼 수 있는 것이 특징이다.

1. 샌프란시스코 모던 뮤지엄 전경
2. 최상층 연결 브리지
3. 진입부 대공간인 내부 광장

M. H. 드 영 뮤지엄

The M. H. de Young Museum, 2005, Jacques Herzog & Pierre de Meuron

금문교 근처 1,017에이커 크기의 골든 게이트 파크Golden Gate Park 내에 자리한 이 뮤지엄은 1894년 샌프란시스코 박람회를 계기로 만들어진 공원 속에 1984년 설립되었다. 박람회가 끝난 후에도 샌프란시스코의 중요 문화기관의 하나로 보존되어 현재까지도 많은 방문객이 찾아드는 곳이다.

설립 이후 약 100여 년간 여러 번 증·개축하여 미술발전에 기여해 오다가 1989년 지진으로 극심한 피해를 입어 붕괴되어 재건축하게 된 것이다.

새로 신축된 뮤지엄은 공원에 위치하기 때문에 자연과 조화되는 건축으로 설계한 것이 특징이다. 특히 지진에 대비해 전 건물이 어느 방향으로나 91cm 움직일 수 있도록 하였으며, 전체 건물은 주변 공원의 우거진 숲을 추상화한 형태의 구멍이 뚫린 7,200개의 동판으로 덮여져 있다. 이제까지 몇몇 뮤지엄 건축에서 독특한 외피의 건물을 설계하며 주목을 끌었던 헤르조그 드 뮤런 Herzog & de Meuron은 세월의 흐름에 따라 동판이 서서히 산화되어 공원의 녹색과 조화를 이루는, 즉 시간의 흐름을 반영하는 디자인을 추구하고 있다.

뮤지엄 전체의 구성은 수평선의 이미지가 강한 본 전시실 부분과 골든 게이트 파크 내부에 위치한 뮤지엄의 방향성이 샌프란시스코의 도시 그리드와 반응하는 각도, 그리고 그러한 두 가지 요소에 균형을 맞추는 거대한 캔틸레버 지붕 구조체로 되어 있다.

한편, 전시장 부분은 2개 층의 볼륨이며, 기본적으로 3개의 선형

1. 골든 게이트 파크 내 M. H. 드 영 뮤지엄 전경
2. 밖을 볼 수 있는 전시실
3. 동판으로 덮인 부분 벽

동선구조를 하나의 거대한 지붕으로 덮은 형태로 되어 있다. 주
변 자연환경의 곡선적 수평성을 반영한 지붕 라인이 타워에서 내
려다 볼 때 또한 두드러지게 강조되어 있다.

일률적인 박스 형태가 아닌 비정형적 볼륨이 교차되고 벌어지는
곳에서 오픈되는 자연환경이 그대로 실내로 유입되어 뮤지엄 내
부에서 예술과 자연과 건축을 동시에 감상할 수 있는 기회를 제
공해 주는 것이다. 이런 자연으로 향한 오프닝은 늘어나는 뮤지

엄 컬렉션의 상당한 양이 아시안 혹은 아프리칸 아트에 관련이 되어 있고, 대개의 경우 자연환경과 밀접한 관련을 갖는 경우가 많다는 것을 특별히 고려한 건축가의 의도를 엿볼 수 있는 부분 이기도 하다.

본 뮤지엄은 100여년이라는 짧지 않은 역사를 가지고 샌프란시스코 시민들에게 그들 모두의 문화유산이라는 자부심을 갖게 해준 역사적 사명을 재건축한 경우다. 과거에 뮤지엄 건축물이 가지고 있던 형태에 대한 향수를 현대적으로 재해석하며, 자연·건축·예술을 동시에 감상할 수 있는 창의력이 풍부하고 대담한 설계로 샌프란시스코에서 가장 미래지향적인 첨단건축이라는 평가를 받고 있다.

도심공원 내에는 빅토리아식 화원·어린이 자연사 뮤지엄과 수족관·천문관이 포함된 캘리포니아 사이언스 아카데미California Academy of Sciences·일본 차공원Japanese Tea Garden 등이 있다.

캘리포니아 오클랜드 뮤지엄

Oakland Museum of California, 1961-68, Kevin Roche & John Dinkeloo

오클랜드는 샌프란시스코에서 동쪽 13km 지점에 위치한 미국 서해안 3대 항구 중 하나로 공업과 무역항으로 급성장한 도시다.

● 캘리포니아 오클랜드 뮤지엄
  전화 510-238-2200
  홈페이지 www.museumca.org
  소재지 1000 Oak. St, at 10th St
  개관 수-토 10:00-17:00, 일 12:00-17:00, 월·화 휴관

1. 전시공간 위를 녹지 처리한 오클랜드 뮤지엄의 도시건축
2. 옥외 전시전경
3. 내부 계단길

미술·역사·자연과학의 3개 성격을 갖춘 종합 시립뮤지엄으로 우리나라 지자체에 매우 적합한 벤치마킹 대상이기도 하다.

도심에 위치한 공원을 겸한 시민의 휴식처로 조성하고, 전시공간을 겸한 시민의 휴식처로 조성하기 위하여 전시공간을 지하에 묻고 그 지붕을 녹지공원으로 조성하였다.

또한 성격이 다른 3개의 전시공간을 계단길로 연결시켜 유기적이고도 효율적인 동선체계를 이룬다.

외부 도로에서 진입 이후 도심공원 속에서 휴식과 관람을 할 수 있는 아늑한 분위기로, 건물지붕이 계단식 정원으로 처리되고 천창과 측창을 통하여 자연광을 취한다.

결국 이 뮤지엄은 광범위한 전시장과 랜드스케이프의 조합이라 할 수 있겠다. 따라서 도심 속에 공원을 조성하여 자연을 도심에 끌어들여 시민의 휴식처로 이용한 명쾌한 발상이 높이 평가된다.

1. 오클랜드 뮤지엄 전시공간
2. 외부 전경
3. 지붕 평면도

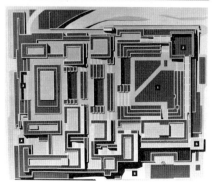

컨템퍼러리 유대인 뮤지엄

Contemporary Jewish Museum, 2008, Daniel Libeskind

Center for the Arts at Yerba Buena Gardens 복합 문화시설과 연결되는 뮤지엄으로서 역사적 보존대상 건축물인 기존의 Jessie Street Pacific Gas and Electric 회사의 변전소를 증·개축한 뮤지엄이다.

일반적인 뮤지엄과는 달리 이곳은 특별한 컬렉션을 갖추고 있지 않고, 대신 유대인들의 미술·음악·필름·문학과 토론의 공간을 마련하고, 그리고 무엇보다도 비 유대인들과의 소통의 장을 여는 것에 중점을 두는 계획이다.

외관에서 가장 눈에 띄는 빛나는 푸른색 큐브는 극단적인 신·구의 결합을 의미한다. 이러한 이질적 볼륨의 삽입은 실내에서 기능적 분리를 통해 명확하게 인식되며, 기울어진 조형에 의해 생성되는 뾰족한 공간에서는 사운드와 행위예술에 관련된 전시가 이루어지고 있다.

주 진입은 기존 건물을 통해 이루어지며, 실내로 들어왔을 때 보이는 특유의 오프닝과 선형요소들은 리베스킨트의 댄마크 유대인 뮤지엄Danish Jewish Museum의 조형개념과 유사한 것으로서, 히브리어의 글자들을 이용한 것이다. 규모에 비하여 강조된 교육영

컨템퍼러리 유대인 뮤지엄
개관 2008년 6월
위치 736 Mission Street San Francisco, CA94103
Power Station을 증개축
LORD CO.가 컨셉리뷰와 타당성 검토
전화 415-655-7800
홈페이지 http://www.thecjm.org/index.php

1. 유대인 뮤지엄 전경
2. 부분전경
3. 전시실
4. 진입홀

역이 1층 면적의 절반 이상을 차지하고, 전시에 관련된 공간은 대형 계단을 통해 올라가는 2층에서 이루어진다.

이렇게 리베스킨트의 건축물에 독창적이고 일관되게 나타나는 극명한 형태의 대비는 공간을 통해 건축물 자체의 스토리를 풀어나가는 건축가의 독특한 방법에 대한 좋은 예라고 할 수 있다.

아시안 뮤지엄

Asian Art Museum, 1965, 전시 Gae Aulenti + 프로그램 Barry Lord

유니언 스퀘어 남서측 시빅 센터 지역에 재개관된 아시안 뮤지
엄은 예전 샌프란시스코 시립도서관 건물을 리노베이션해서 약
17,000점의 아시아 관련 예술품들을 전시하고 있다.

프랑스 파리에 있는 오르세 뮤지엄을 통해 고전 건축물을 품격
있고 우아한 전시공간으로 탈바꿈하는 데 특별한 재능을 보여준
가에 아울렌티Gae Aulenti와 뮤지엄 프로그래밍 작업의 선구자 역
할을 하고 있는 배리 로드Barry Lord가 협동작업을 하였다. 6000
년 전으로 거슬러 올라가는 유물로부터 시작하여 동양의 거의 모
든 예술품에 관한한 최대 규모이며, 시공간을 초월한 옛것과 새
것의 만남에 가장 이상적인 공간을 제공하고 있다.

● **아시안 뮤지엄**
  전화 415-581-3500
  홈페이지 www. asianart.org
  위치 200 Larkin St. SanFrancisco,CA

1. 아시안 뮤지엄
2. 아시안 뮤지엄 삼성홀
3. 전시실
4. 내부공간

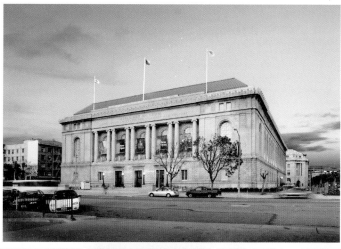

캘리포니아 사이언스 아카데미
California Academy of Sciences 개축, Renzo Piano

골든 게이트 파크 내에 드 영 뮤지엄과 마주보는 자리에 위치한다. 어린이를 위한 대형 자연사 관련 전시·수족관·천문관으로서는 전 세계 10위 안에 드는 규모이며, 가장 최근에 완공되었기 때문에 뮤지엄 건축에서 점차 중요한 이슈가 되고 있는 친환경 디자인이 충분히 고려되었다.

좌우대칭의 단일 건물에 자리 잡은 과학·자연사 관련 전시영역들은, 자칫 산만해 질 수 있는 내부공간에 명확한 조형을 통해 배치되어 있다. 정면의 주출입구를 지나면서 중심축상에 프로그램 영역이 있는 것이 아니라 자연채광이 풍부한 휴식공간을 먼저 경험하게 되는 것은 매우 독특한 구성이다. 이곳을 통해 뮤지엄 전체의 이미지를 좌우하는 두 개의 메인 영역, 4층 높이의 인공수목원과 플래너테리움으로 전시가 이어지고, 지하에는 대형 수족관이 자리 잡고 있다.

광대한 영역의 태양열 전지판과 함께 전체가 자연식생으로 덮여져 있는 지붕은 친환경적인 측면에서 에너지 절약과 자원재활용에 적합한 구조다. 특히, 실내의 인공수목원과 플래너테리움, 그리고 중앙 휴식공간으로 인해 생겨난 자연스러운 둔덕의 형태는 샌프란시스코 도시의 지형적 특성에서 유래한 디자인이다. 직접적인 도시구조와의 관계를 맺기가 쉽지 않은 대형 공원에 있는 이 뮤지엄은 그런 방법으로 다시 도시와 반응하는 연결고리를 찾고 있다.

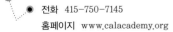

● 전화 415-750-7145
홈페이지 www.calacademy.org

1. 캘리포니아 과학 아카데미 전경
2. 진입부
3. 친환경적으로 처리된 지붕상세
4, 5. 전시공간

내셔널 마리타임 뮤지엄

Nat'l Maritime Museum, 2009 재개관

1840년부터 1세기에 걸친 미국 서해안의 해운에 관한 역사를 소개하는 곳이다. 전시품은 돛단배부터 군함에 이르는 배의 모형과 항해기구, 항구마을로서 샌프란시스코의 귀중한 기록 등이 전시되고 있다.

버클리 대학 아트 뮤지엄

Berkeley Art Museum, Mario Ciampi, 1970

버클리는 인구 14만밖에 안되는 작은 도시로 서부 명문사립대인 UC 버클리University of California, Berkeley 때문에 형성된 학생 도시다.

대학이 운영하는 뮤지엄으로는 전국 최대 규모로 20세기 회화와 조각을 중심으로 전시하고 있다.

UC 버클리 캠퍼스길 건너편에 위치하며, 남쪽 정문과 연결된다. 콘크리트 벙커처럼 생긴 이 뮤지엄은 아시아 미술과 현대미술을

● 내셔널 마리타임 뮤지엄
전화 415-447-5000
위치 900 Beach St. San Francisco, CA
삼성출판 p.286, p.285

버클리 대학 아트 뮤지엄
전화 510-642-0808
홈페이지 www.bampfa.berkeley.edu
위치 2626 Bancroft Way, Berkeley, CA
개관 수-일 11:00-17:00, 목 11:00-19:00

1. 내셔널 마리타임 뮤지엄
2. 버클리 대학 아트 뮤지엄 전경
3. 버클리 대학 아트 뮤지엄 중앙홀

전시하는 공간이 몇 개 있으며, 컬렉션 중에는 세잔느와 르누아르의 작품도 있을 정도로 수준이 높다.

또한 유명한 퍼시픽 필름 아카이브Pacific Film Archives도 있으나 잘 알려지지 않은 독립·아방가르드·전 세계의 영화를 상영한다.

서클 갤러리 빌딩

Circle Gallery Building, Frank Lloyd Wright, 1948-50

본 건축은 라이트가 설계한 뉴욕의 구겐하임 뮤지엄의 모태가 되는 유기적 건축의 하나로 샌프란시스코에 유일한 라이트 작품이다. 본래 용도는 여성전용 의류점V.C.Morris Gift Shop이였으나 갤러리로 변신한 것이다.

외관은 무창으로 출입구만이 아치로 강조되어 있으며, 내부는 1층과 2층이 유기적으로 연결된 램프경사길를 사용한 것이 특징이다.

● 서클 갤러리 빌딩
　주소 140Maiden Lane San Francisco, CA 94108

1. 2개 층 무창 건축에 입구가 아치로 구성된 라이트의 대표작
2. 2개 층이 램프로 연결된 라이트의 유기적 건축의 하나

주변지역 문화명소

주변 지역의 문화명소는 다음과 같다.

마린 카운티 시빅 센터

Marin County Civic Center, San Rafael, CA, 라이트, 1957-66

산라페엘 시는 샌프란시스코 북쪽에 위치한 부촌으로 자연경관이 수려한 전원도시다. 따라서 마린 카운티 시빅 센터 건축도 자연친화적 건축으로 설계하기 위해 자연에 순응하고 유기적 건축의 거장인 라이트에게 의뢰되었다. 3개의 야산을 이용하여 그 언덕에 건물을 교량처럼 건너질러 건물 및 계곡은 자연 개방된 형식이다.

모든 건축외형은 태평양의 파도를 상징하는 아치로 구성돼 자연의 아름다운 산세와 조경 속에 통합된 이미지를 주고 있다. 내부 통로도 자연환경을 끌어들여 수목을 심은 바닥에 상부는 자연광으로 개방적이어서 자연친화적이다. 모든 사인보드나 장식품까지도 디자인 통합작업이 되어 있다.

1959년 라이트가 세상을 떠난 후에 준공된 마지막 작품 중 하나다.

1. 시빅 센터 전체 조감도
2. 전경
3. 계곡을 가로 걸친 부분
4. 친환경적으로 설계된 내부 통로

참·고·문·헌

| 공통문헌 |

김찬삼, 세계여행 1 '아메리카', 삼중당, 1979

김현·조동현, 세계도시기행, 바움, 2007

닐파킨, 남경태 옮김, 우리 세계의 70가지 경이로운 건축물, 오늘의 책, 2004

대한건축사협회, 도시환경과 조형예술, 1986

서상우, 새로운 뮤지엄건축, 현대건축사, 2002

서상우, 세계의 박물관·미술관, 기문당, 1995

제프 캠벨 외, 미국, 안그래픽스, 2004

테라·고연경, USA, 삼성출판사, 2008

현대미술관회, 세계의 미술관을 찾아서, 현대미술관회출판부, 2005

| New York |

김광우, 백남준 vs 앤디워홀, 숨비소리, 2006

김석철, 세계건축기행, 창작과 비평, 1977

김정동, 하늘아래도시 땅위에 건축 2권 서양으로 가는길, 가람기획, 1998

대니 밸런트, 김현경 역, 베스트 뉴욕, 안그래픽스, 2007

박준, 꿈꾸는 사람들의 도시·뉴욕, 삼성출판사, 2007

양은희, 뉴욕·아트 앤더 시티, 랜덤하우스, 2007

Elliot Willensky & Norval White, *AIA Guide to New York City*, HBJ, 3rd
    Edition

Kenneth T. Jackson, *The Encyclopedia of New York City*, Yale University,
    1995

Lowry, *The New MoMA*, MoMA, 2005

Riley, *Yoshio Taniguchi Nine Museums*, MoMA, 2004

Sanna Feirstein, *Naming New York*, NYU Press, 2001

Susanna Sirefman, *New York Guide to recent architecture*, Konemann,
    1997

Sydney Lawrence 외, *Music in Stone*, Scala Books, 1984

The 20th C. *Architecture & Urbanism: New York*, a+u Extra, 1994

The Green Guide, *New York City*, Michelin Travel Publication, 2002

| Washington, DC |

김정동, 하늘아래도시 땅위의 건축 2권 서양으로 가는길, 가람기획, 1998

서상우, 뮤지엄건축, 살림, 2004

이성미, 내가 본 세계의 건축, 한국건설산업연구원, 2000

중앙 M&B, 세계를 간다 3권 / 미국편, 중앙일보, 2003
Krinsky, *Gordon Bunshaft of S.O.M.*, The Architectural Hisory Founda-
    tion, 1988
Shichiro Higuchi, *Ulban Sculpture of 50 Cities in USA*, 誠文堂新光社
Sydney Lawrence 외, *Music in Stone*, Scala Books, 1984

| Chicago |
대한건축사협회, 도시환경과 조형예술, 1986
서수경, 프랭크 로이드 라이트, 살림, 2004
한국박물관건축학회, 제5회 미국중서부지역 해외학술답사 조사자료, 2001
a+u 2005. 08, *Jay Pritzker Pavilion*, Chicago
Architectural Record 2005. 01. *Jay Pritzker Pavilion*, Chicago
Bach & Gray, *Chicago's Public Sculpture*, Chicago, 1983
Franz Schulze & Kevin Harrington, *Chicago's Famous Building*, The Univ.
    of Chicago Press, 1993

| Los Angeles |
서수경, 프랭크 로이드 라이트, 살림, 2004
이성훈, 리차드 마이어, 살림, 2004
한국박물관건축학회, 제2회 해외학술답사 조사자료, 1999
a+u, 1973:02
a+u, 1994:10
Bruce Brooks Pfeiffer, *F. L. Wright*, Borders Press, 1998
David Gebhard+Robert Winter, *Architecture in Los Angeles*, Gibbs+
    Smith,1985
Terence Riley 외, *Frank Lloyd Wright*, MoMA New York,1994

| San Francisco |
김정동, 하늘아래도시 땅위의 건축 2권 서양으로 가는길, 가람기획, 1998
백금자, 드 영 미술관, 현대의 미술 126호, 2008 봄
A/R 2009:01
GA 4, *The Ford Foundation & The Oakland Museum*
Terence Riley 외, *Frank Lloyd Wright*, MoMA New York, 1994

| 문화풍경 찾아보기 |

| 인물 찾아보기 |